KÖNIGS FURT

Über dieses Buch

Die Wohnungsdiät macht Schluss mit voll gestopften Schränken, verstaubten Zeitungsstapeln und unerledigter Post auf dem Schreibtisch. Systematisch führt sie Sie durch jeden Raum in Ihrer Wohnung und zeigt Ihnen, wie Sie den ganzen Krempel auf das wirklich notwendige Maß reduzieren können.
Dieses Buch verbindet aktuelle Erkenntnisse der Motivationsforschung mit verblüffend wirkungsvollen Praxistipps. Die Basislektüre für alle, die Ballast abwerfen und sich endlich in Ihrer Wohnung zu Hause fühlen möchten.

Weitere Informationen zur Buchreihe *bewusster leben* unter *www.bewusster-leben.de*

Über die Autoren

Richard Witthüser, Jahrgang 1968, wohnt in Köln und arbeitete nach Abschluss seines Studiums im Fach Kunstgeschichte als Leiter von Studienreisen und als freiberuflicher Lektor und Autor für verschiedene Verlage und Fernsehproduktionen. Heute ist er Geschäftsführer der mobileVision GmbH. Die Firma hat sich darauf spezialisiert, Menschen in Entscheidungsprozessen zu unterstützen. Die von Richard Witthüser entwickelten Techniken kommen nicht nur bei der Wohnungsdiät zum Einsatz. Seine Entscheidungshilfen kann man in Form von Orakeln auch auf dem Handy befragen und so in Kontakt mit der eigenen intuitiven Weisheit kommen.
Mehr zu den Orakeln von mobileVision unter *www.magum.de*

Bernd Klapproth, Jahrgang 1963, studierte zunächst Elektrotechnik. Er arbeitete einige Jahre bei der Bundespost, danach als Systemadministrator bei einem alternativen Stadtmagazin. Dort entdeckte er sein Talent zum Schreiben. Heute lebt er als freier Autor und Journalist in Köln.

Richard Witthüser/Bernd Klapproth

Die Wohnungsdiät

Endlich Platz für mich

KÖNIGS FURT
bewusster leben

Danksagung
Unser Dank geht an Annika Wieckhorst, Nadja Dickten, Dominika Hoffman und Heike Fangrat für ihr kritisches Feedback; Conny Baddack für ihr Argusauge; Oliver Niermann und Axel Abstoß für ihre Textkompetenz; Verena und Hartmut Witthüser für Korrekturen und Unterstützung; Harald und Jutta Berndt für Ideen und Kontakte; Wolfgang Veit für den Feng-Shui-Blick; Stephan und Maria Cramer für die Idee der Ziele- und Werteliste; Miriam Hofheinz für Tipps zu E-books und Hans-Ulrich List für seinen Glauben an die Sache.

Bibliografische Information Der Deutschen Bibliothek:
Die Deutsche Bibliothek verzeichnet diese Publikation in Der Deutschen Nationalbibliografie; detaillierte bibliografische Daten sind im Internet über http://dnb.ddb.de abrufbar.

Originalausgabe
2. Auflage
Krummwisch bei Kiel 2005

D-24796 Krummwisch
www.koenigsfurt.com

Umschlaggestaltung: Werkstatt München, Zembsch und Weiss, unter Verwendung eines Motivs von Mauritius, Mittenwald
Illustrationen: Angelique Kuhne, Düsseldorf
Satz: Satzbüro Noch, Balve
Druck und Bindung: Uniprint, Budapest

ISBN 3-89875-127-9

Inhalt

Willkommen zu Hause!

Endlich Platz für mich!

Sie möchten endlich zu Hause ankommen und sich wohl fühlen? Sie wünschen sich, dass Ihre eigenen vier Wände Ihnen Kraft und Geborgenheit geben? Sie wollen sich Platz schaffen und suchen einen Weg, Ihre Wohnung zu einer Quelle des guten Lebens zu machen? Dann sind Sie hier richtig! Wir zeigen Ihnen, wie Sie den Krempel zuerst aus Ihrer Wohnung und dann aus Ihrem Leben werfen. Sie werden spüren, wie gut das tut.

Ihre Vorteile

Die Wohnungsdiät schenkt Ihnen Zeit: Eine krempelfreie, gut organisierte und aufgeräumte Wohnung macht weniger Arbeit. Die Wohnungsdiät spart Geld: Sie erfahren, wie man auf überflüssige Schnäppchen verzichtet und sich gegen die Verlockungen des Hypermarketings wappnet. Wenn Sie nur Dinge kaufen, die Sie wirklich mögen und nutzen, sparen Sie eine Menge Geld. Die Wohnungsdiät schafft Platz in Ihrer Wohnung und in Ihrem Kopf: Durch das Loslassen von altem Krempel beginnen Sie, klarer zu sehen, und finden heraus, was Ihnen wirklich wichtig ist. Probieren Sie es jetzt einfach aus: Greifen Sie sich ein paar Dinge in Ihrer Wohnung, die Ihnen schon lange auf die Nerven gehen, und werfen Sie die Sachen weg. War das gut? Dann freuen Sie sich auf die Wohnungsdiät. Zögern Sie noch, das Zeug wegzuwerfen? In der Wohnungsdiät erfahren Sie, warum.

In drei klaren Schritten Freiräume schaffen

Die Wohnungsdiät begleitet Sie zuerst durch alle Räume Ihres Zuhauses. Wir geben Ihnen clevere Techniken an die Hand, mit denen Sie schnell und einfach über jeden Gegenstand in Ihrer Wohnung entscheiden können. Wir zeigen Ihnen Wege, wie Sie den Ballast aus Gedanken, Gewohnheiten und Beziehungen werfen, der Sie davon abhält zu tun, was Sie wirklich wollen. Mit der Wohnungsdiät haben Sie einen zuverlässigen Partner, der Sie in drei klaren Schritten bei dieser persönlichen Veränderung begleitet. Nehmen Sie sich jetzt die Zeit, die Sie brauchen, um Ihr Leben einfacher, schöner und glücklicher zu machen.

Genau auf Sie zugeschnitten

Die Wohnungsdiät besteht aus drei Teilen, die den drei klaren Schritten zum Ziel entsprechen. Die komplette Wohnungsdiät ist in insgesamt 24 Kapitel aufgeteilt, die genau auf Ihre Bedürfnisse zugeschnitten sind. Sie bekommen Tipps, die Ihrem »Krempeltyp« entsprechen, und finden am Ende eines jeden Kapitels Kopiervorlagen für Checklisten, mit denen Sie den Fortschritt der Wohnungsdiät kontrollieren können. So können Sie in Ruhe alles lesen, sich eigene Notizen machen und die Punkte in den Checklisten abhaken.

Endlich zu Hause

Schaffen Sie sich jetzt den Platz für Ihr Leben. Wenn Sie die drei klaren Schritte der Veränderung gegangen sind, werden Sie sich glücklich zurücklehnen und wissen: Ich bin endlich zu Hause. Schon in einer Woche kann alles anders aussehen: Ihre Wohnung und vor allem Ihr Leben.
Wir wünschen Ihnen viel Freude und Erfolg.

Ihr Wohnungsdiät-Team

Teil I
Die Wohnungsdiät

Die Wohnungsdiät besteht aus drei Teilen. Im ersten Teil werden Sie theoretisch, praktisch, motivierend, aufklärend und kenntnisreich auf den zweiten, den Aktionsteil der Wohnungsdiät vorbereitet. Sie lernen alles über Krempel: Wie Sie ihn entdecken, warum er da ist, und welche Schwierigkeiten er verursacht. Sie werden in diesem Teil klare Vorstellungen von den Zielen Ihrer Wohnungsdiät entwickeln. In einem Test finden Sie heraus, welcher »Krempeltyp« Sie sind und worauf Sie während der Wohnungsdiät besonders Acht geben müssen. Das bereitet Sie auf den praktischen Teil II vor, in dem Sie mit hochgekrempelten Ärmeln über jeden Gegenstand in Ihrer Wohnung entscheiden und dem Krempel »Lebewohl« sagen. Am Ende von Teil II sind Sie »endlich zu Hause«. In Teil III erfahren Sie, wie Sie es vermeiden, neuen Krempel anzusammeln, und die Veränderungen durch die Wohnungsdiät nutzen, um in einer klaren Wohnung einen klaren Kopf zu bekommen. Und nun viel Vergnügen mit Teil I.

Kapitel 1

Meine vier Wände

Nieder mit der Krempelitis!

Die Wohnungsdiät ist ein einfacher und effizienter Weg, durch die Veränderung Ihrer Umgebung zu größerem Wohlbefinden zu gelangen. In diesem Kapitel lernen Sie die Wohnungsdiät kennen (und bestimmt mögen). Wir beantworten die Fragen: Um was geht es in der Wohnungsdiät? Was bringt mir die ganze Arbeit, die sie mir macht? Welche positiven Veränderungen erwarten mich?

Besuch kommt

Erkennen Sie sich in folgender Geschichte wieder? Angie bekommt Besuch. Gerade hat sie es erfahren. Ihre Mutter »hat in der Nähe zu tun« und will in einer Dreiviertelstunde »auf ein leckeres Tässchen Kaffee« vorbeikommen. Schnell klar Schiff machen, denkt sich Angie und gerät ein wenig in Stress. Kurz saugen, etwas Staub wischen ... Staub wischen!? Warum habe ich diesen ganzen Nippes in der Wohnung stehen, reine Staubfänger zum großen Teil. Flott nimmt sie Vasen, Tellerchen, Urlaubssouvenirs und andere Kleinigkeiten in die Hand und staubt sie einzeln ab. So, die Zeitungen auf einen Stapel, mein Gott, die Küche! Angie läuft in die Küche und räumt alles, was wie Geschirr aussieht, in die Spülmaschine, findet eine Zeitung, die auf den Stapel im Wohnzimmer gehört, wo die Jacke liegt, die Sie schnell ins Schlafzimmer schmeißt.

Das Saugen ist ein Hindernislauf. Links um die leere Vase, rechts um den Zeitungsstapel, knapp am Krimskrams-Mützen-Handschuhe-Schirme-Fahrradschloss-Sonderangebotsprospekte-Korb vorbei auf die Zielgerade, wo der Staubsauger mit überhöhter Geschwindigkeit in die Schuh-Schikane rast. Ups, nur noch zehn Minuten. Das Nähzeug von gestern schmeißt Angie schnell in den Kleiderschrank, die schmutzige Pfanne kommt in den Herd, das Bad sieht super aus, solange keiner die linke Seite vom Spiegelschrank aufmacht, denn die Haarwaschmittelproben, Fläschchen und Tiegel würden ihm direkt entgegenfallen. Das Schlafzimmer wird besser abgeschlossen, da liegt die Bügelwäsche. Ach, denkt sich Angie, da werfe ich gleich die Schuhe hinterher, die im Flur stehen, und den Wintermantel, der die Garderobe blockiert. Den ganzen Papierkram vom Schreibtisch verstaut Angie ratzfatz in der hübschen Bauerntruhe im Flur, wo sie bei der Gelegenheit die Ersatzbatterien für die Fernbedienung wiederfindet, als es an der Tür läutet …

Hübsch hast du es hier, sagt Angies Mutter und Angie lächelt schief.

Auch wenn Sie nicht so chaotisch sind wie Angie, oder aber wenn Sie etwas chaotischer sind als Angie, ist die Wohnungsdiät für Sie das Richtige. Denn es geht nicht nur um Ordnung. Es geht um mehr.

Freiräume schaffen …

Die Wohnungsdiät ist mehr als einfaches Aufräumen. Es geht darum, die Dinge, die Sie belasten, loszulassen und so zu mehr Ruhe, Klarheit und Harmonie in Ihren eigenen vier Wänden zu finden. Im Laufe der Wohnungsdiät werden Sie bewusst alte Verkrustungen aufbrechen und mit dem realen Müll und Gerümpel eine ganze Menge emotionalen Müll und Gerümpel entsorgen. Ziel ist es, Ihr Zuhause zu dem zu machen, was es sein sollte: einem Ort, an dem Sie sich wohl fühlen.

Ihr Weg dahin kann anstrengend sein, aber keine Sorge: Mit der Wohnungsdiät haben Sie einen zuverlässigen Partner, der Sie bei dieser persönlichen Veränderung begleitet.

Was bringt Ihnen die Wohnungsdiät?

Sie sparen Zeit

Es liegt auf der Hand: Eine Wohnung mit weniger Sachen macht weniger Arbeit. Wenn alles gut organisiert und aufgeräumt ist, können Sie mit der Wohnungsdiät eine Menge Zeit beim Putzen sparen (in manchen Fällen bis zu 50 Prozent). Darüber hinaus sparen Sie die Zeit ein, die Sie bislang mit der Suche nach Schlüsseln, Handschuhen, dem Stadtplan und allen möglichen anderen Dingen verbracht haben. Denn mit der Wohnungsdiät lernen Sie Tipps und Kniffe kennen, wie Sie das ewige Herumsuchen in Zukunft einfach vermeiden.

Sie sparen Geld

Haben Sie schon mal darüber nachgedacht, was ein mit Krempel vollgestelltes Zimmer Sie jedes Jahr kostet? Dinge, die man »zu schade zum Wegwerfen« findet, kosten nicht nur Platz, sondern auch Geld. Haben Sie Zimmer oder Teile eines Raumes, die Sie nicht mehr nutzen, weil sie mit Krempel vollgestellt sind?

Auch für diesen Raum zahlen Sie Miete oder Hypothekenzinsen und Nebenkosten. Die Lagerung von Krempel, der oft über Jahre im Weg herumsteht, ist ein teures »Vergnügen«. Wussten Sie schon, dass Sie am meisten sparen, wenn Sie Ihr Geld nicht für Dinge ausgeben, die Sie hinterher nicht wirklich brauchen? Umgeben Sie sich lieber mit sorgsam ausgewählten Dingen. Schließlich ist Ihre Wohnung der Ort, über den nur Sie selbst verfügen, Ihre eigene Welt.

»Sie dienen nicht den Dingen, die Dinge dienen Ihnen.«

Sie vermindern Stress

Eigentlich sollte unser Zuhause der Ort sein, der uns Ruhe und Sicherheit vor der Welt da draußen bietet. In vielen Wohnungen, in denen sich zu viel Krempel angesammelt hat, ist das nicht mehr der Fall. Unser Bewusstsein hat die vielen überflüssigen Dinge längst ausgeblendet. Man hat sich an die klemmende Schublade gewöhnt, man nimmt es bewusst nicht mehr wahr, dass im Arbeitszimmer überall auf dem Boden Papierstapel liegen. Die Umzugskartons, die seit dem Einzug in der Ecke im Flur stehen, sind aus der bewussten Wahrnehmung verschwunden. Unser Unbewusstes dagegen nimmt diese Störfaktoren ständig wahr. Eine Wohnung voller Krempel ist eine chronische Belastung für unser Wohlbefinden. Beseitigen Sie die Störfaktoren und Sie werden den Unterschied spüren.

Sie erobern Ihr gutes Gewissen zurück

Überall finden sich Dinge, die leise zu flüstern scheinen: »Nutz mich, ich hab es verdient, ich war teuer, ich brauche deine Aufmerksamkeit.« Die Wohnungsdiät hilft Ihnen, den Dingen mental wieder ihren Platz zuzuweisen. Dinge, die Ihnen einfach nur auf die Nerven gehen, haben in Ihrer Umgebung nichts zu suchen. Denn tatsächlich sind sie nur für eines gut: Ihnen ein schlechtes Gewissen zu machen.

- »Ich sollte den Pullover zu Ende stricken.«
- »Ich sollte die Hose anziehen, wenn ich wieder abgenommen habe.«
- »Ich sollte den Bauchtrainer nutzen.«
- »Ich sollte das Erbstück meiner Oma in Ehren halten.«
- »Ich sollte alle meine Fotos einkleben.«
- »Ich sollte die Küchenschublade reparieren.«
- »Ich sollte die Fachzeitungen lesen.«
- »Ich sollte mal alles in Ordnung bringen.«

In der Wohnungsdiät geht es auf den ersten Blick um Zeug, Kram und Krempel: Genau genommen geht es aber um *Ihre* emotionale Verbindung zu *Ihrem* Krempel. Denn Kram und Krempel sind an sich nicht belastend. Was belastet, ist die Verbindung, die Sie mit den Dingen eingehen. Sachen werden nur zu Krempel, wenn man sie behält, obwohl man sie nicht benutzt und sie einen belasten. Räumen Sie damit auf – einfach, weil Sie es sich wert sind.

Sie gewinnen Überblick und Entscheidungsfreude

Zu viel Kram kann dazu führen, dass Sie sich lethargisch und entschlusslos fühlen. Wenn Sie sich von den »Leichen im Keller« befreit haben, werden Sie merken, dass Sie sich und Ihre Situation viel klarer sehen können. Bisher hat der Krempel Ihnen vielleicht den Blick auf das wirklich Wichtige versperrt. Die Wohnungsdiät bringt Sie dazu, Überblick zu gewinnen: zuerst über Ihre Sachen, dann über Ihr Leben.

Die Technik der Wohnungsdiät, die in Kapitel 7 erklärt wird, hilft Ihnen, schnell intuitive Entscheidungen zu treffen. Eine

Die Wohnungsdiät hilft Ihnen, den Dingen mental wieder ihren Platz zuzuweisen

Fähigkeit, die auch in Restaurants oder im Job sehr hilfreich sein kann.

Sie werden munter, lebendig und voller Energie

Seit Einstein ist klar: Materie ist gespeicherte Energie. Das trifft auch für Gerümpel zu. Gerümpel blockiert den Energiefluss in Ihrer Wohnung. Anschaffung, Transport, Pflege und Haltung von Gerümpel kosten Kraft. Auf manche Menschen trifft der Spruch »Besitz belastet« so sehr zu, dass sie Lebensenergie verlieren. Stimmt das für Sie? Dann schaffen Sie das Gerümpel aus Ihrer Umgebung und Ihre Energie, die jetzt im Krempel gebunden ist, wird wieder frei. Sie trennen sich von unliebsamen Erlebnissen und Erinnerungen aus der Vergangenheit, wenn Sie damit verbundene Dinge aus Ihrer Umgebung schaffen. Ein Beispiel: Ist eine unglückliche Ex-Liebe in Form einer Vase auf dem Wohnzimmertisch noch immer präsent, wundern Sie sich nicht darüber, dass es mit der neuen Liebe nicht so klappt, wie Sie es sich vorstellen.

> Und plötzlich weißt du: Es ist Zeit,
> etwas Neues zu beginnen und dem Zauber
> des Anfangs zu vertrauen.
> **Meister Eckhart (1260–1327), deutscher Mystiker**

Sie verändern Ihr Leben

Ein Leben im Gerümpel führt zu Planlosigkeit und Verwirrung und wirkt sich auf alle anderen Lebensbereiche aus. Oft meinen wir: Weil wir verwirrt und entschlusslos sind, herrscht Chaos in der Wohnung. Aber umgekehrt stimmt es auch: Wir sind entschlusslos und verwirrt, weil Chaos in der Wohnung herrscht!

Die Wohnungsdiät gibt Ihnen einen strukturierten Leitfaden an die Hand, mit dem Sie den Krempel beseitigen, der Chaos und Verwirrung schafft. Einmal begonnen, erzeugt die Wohnungsdiät einen Rückkopplungseffekt, der sich selbst verstärkt und auf alle Bereiche Ihres Lebens wirkt. Eine chaotische Wohnung voller Krempel richtet Chaos in Ihrem Kopf an und bringt Sie dazu, das Chaos zu vergrößern – die Krempelspirale dreht sich nach oben. Wenn Sie sich bewusst dafür entscheiden, den Krempelkreislauf anzuhalten, werden Sie mit jedem Schritt in die andere Richtung das Chaos nicht nur in Ihrer Wohnung beseitigen, sondern auch Klarheit in Ihrem Kopf schaffen. Das macht es wieder leichter, die Wohnung zu entkrempeln: Das nennen wir »positive Rückkopplung«.

Wenn Sie Stress, Ärger und Verwirrung mit in Ihre krempelfreie Wohnung bringen, werden Sie merken, wie schnell Sie zu Klarheit, Ruhe und Harmonie finden. Darauf können Sie sich jetzt schon freuen.

Wie lange es dauert, bis Sie Ihr Ziel erreicht haben, hängt davon ab, wie groß Ihre Wohnung ist, wie viel Zeit Sie täglich einsetzen und wie entschlossen Sie zur Sache gehen.

Sie brauchen gar nicht erst aufzuräumen oder zu putzen

Eine gute Nachricht für alle, die nicht gern aufräumen, putzen oder organisieren: Überflüssiges Gerümpel müssen Sie nicht aufräumen – Sie müssen es einfach nur aus dem Haus schaffen.

Sie brauchen es nicht zu putzen oder neu zu systematisieren – Sie müssen es einfach nur wegwerfen, verkaufen, verschenken, zurückgeben oder recyceln. Das ist ein Geheimnis der Wohnungsdiät, mit dem Sie sich eine Menge Arbeit sparen. Mit der Wohnungsdiät identifizieren Sie systematisch das Gerümpel und eliminieren es. Kein langes planloses Hin- und Herlaufen mit einem Gegenstand in der Hand, um einen neuen Platz zu finden. Kein Hin- und Herräumen von unordentlichen Stapeln, die überall im Weg sind. Kein sorgfältiges Putzen von Plunder, kein liebevolles Einsortieren von überflüssigem Kram. Das alles fällt weg!

Was bedeutet Diät?

Das Wort »Diät« kommt aus dem Griechischen und bedeutet »Lebensweise oder Lebenseinteilung«. Bei der Wohnungsdiät wird Ihre Wohnung »leichter«, weil sie Ballast verliert, und Sie werden zu einer besseren Lebensweise finden.

Wann ist die beste Zeit für eine Wohnungsdiät?

Jetzt. Wir haben uns das genau überlegt. Für Sie ist der heutige Tag wirklich ideal, um mit der Wohnungsdiät zu beginnen.

Los geht's

Wir wünschen Ihnen viel Vergnügen beim Ausmisten und Klarheit schaffen.

Tipps

- Gehen Sie durch Ihr Haus oder Ihre Wohnung und rechnen Sie nach: Wie viele Quadratmeter sind von Zeug belegt, das Sie seit über einem Jahr nicht gebraucht haben oder das Sie nicht mögen?
- Tun Sie so, als kämen Sie als Fremder zum ersten Mal in Ihre Wohnung oder in Ihr Haus, schauen Sie sich alle Dinge an, die in den Räumen stehen, liegen oder hängen. Staunen Sie über alles, als sähen Sie es zum ersten Mal. So entdecken Sie Dinge in Ihren vier Wänden, die Sie bewusst nicht mehr wahrgenommen haben.
- Beobachten Sie Ihre Gefühle an verschiedenen Orten Ihres Zuhauses. Wo halten Sie sich gern auf, wo haben Sie das Gefühl, »keine Luft zum Atmen zu haben«?
- Stellen Sie sich vor, Ihre Wohnung würde abbrennen: Zehn Dinge könnten Sie retten: Welche wären das? Und: Bei welchen Dingen würde es Ihnen eine heimliche Freude bereiten, wenn sie Opfer der Flammen werden würden?

Zehn Dinge, die ich retten würde
(Lebewesen gelten natürlich als gerettet):

1	
2	
3	
4	
5	
6	
7	
8	
9	
10	

Checkliste Kapitel 1

Gründe für die Wohnungsdiät

Je mehr dieser Aussagen auf Sie zutreffen, desto wichtiger ist eine Wohnungsdiät für Sie. Kreuzen Sie spontan und ehrlich an, was auf Sie zutrifft:

- ○ Ich glaube, meine Wohnung ist zu klein.
- ○ Ich überlege mir, neue Schränke zu kaufen.
- ○ Ich stehe vor dem überfüllten Kleiderschrank und finde nichts zum Anziehen.
- ○ Ich suche mehrmals in der Woche nach Schlüsselbund, Handy oder Geldbörse.
- ○ Ich kann manche Türen in der Wohnung nicht mehr ganz öffnen.
- ○ Ich bin ungern abends allein zu Hause, lieber gehe ich nach der Arbeit sofort aus.
- ○ Ich habe immer noch eine alte Liebesbeziehung im Kopf und kann sie seit langer Zeit nicht loswerden.
- ○ Ich komme zu Hause auf keinen klaren Gedanken mehr.
- ○ Ich habe das Gefühl, dass die Sachen in meiner Wohnung von allein mehr werden.
- ○ Ich brauche ewig, um meine Wohnung gründlich zu putzen.
- ○ Ich lade lieber niemanden zu mir nach Hause ein.
- ○ Ich kann mich schwer für etwas entscheiden.
- ○ Ich habe das Gefühl, in manchen Lebensbereichen geht es nicht mehr weiter.
- ○
- ○

Kapitel 2

Krempel? – What Krempel?

Betrachten Sie Ihre Wohnung mit dem »Wohnungsdiät-Blick«!

In diesem Kapitel machen Sie eine Bestandsaufnahme. Lernen Sie Krempel zu erkennen. Finden Sie heraus, welcher Ballast Ihnen schon lange auf die Nerven geht. Um beseitigen zu können, was nicht gut für Sie ist, müssen Sie es erkennen.

Auf der Suche nach dem verlorenen Krempel

Bereits auf den ersten Blick werden Sie Gegenstände in Ihrer Wohnung entdecken, die Sie gerne loswerden möchten. Andere müssen Sie erst suchen, über wieder andere müssen Sie kurz nachdenken. Schauen Sie nach. Im Küchenschrank verbergen sich Geräte, die von sich behaupten, nützlich zu sein, doch Sie haben sie nie gebraucht. In der Schublade stapeln sich Erinnerungen, viele davon sind mittlerweile bedeutungslos. Aber die kleine Muschel, die nicht viel hermacht und Ihnen trotzdem so viel erzählt, hat wohl einen schöneren Platz verdient ...

> Die Umgebung, in der der Mensch sich
> den größten Teil des Tages aufhält,
> bestimmt seinen Charakter.
>
> **Anaximenes Antiphon (480-411 v. Chr.), griechischer Philosoph**

Krempel liegt im Auge des Betrachters

Was genau ist Krempel, Gerümpel und überflüssiger Kram? Das gleiche Ding kann für den einen Menschen überflüssiger Abfall, für den anderen Menschen dagegen der größte Schatz sein. Es geht hier in erster Linie nicht um die Dinge, sondern um unsere Beziehung zu ihnen. Was also Gerümpel oder Krempel im Einzelfall ist, kann jeder nur für sich selbst entscheiden. Die Wohnungsdiät hat nicht zum Ziel, aus allen Wohnungen und

Häusern sterile, penibel aufgeräumte Operationssäle zu machen. Das Ziel der Wohnungsdiät ist, dass Sie sich mit den Sachen, die Sie umgeben, wohl fühlen.

Persönliche Krempelgrenze

Jeder muss für sich seine persönliche »Krempelgrenze« kennen lernen. Für den einen ist die asketisch leer geräumte Wohnung genau das Richtige, der andere hat den Landhausstil gern und viele schöne Dinge um sich. Sie werden in der Auswertung des Tests in Kapitel 4 erfahren, was für ein »Krempeltyp« Sie sind.

Für jeden Typen gibt es ein eigenes Optimum. Auch wenn der Krempel im Auge des Betrachters liegt, gibt es klare Indizien dafür, dass etwas in Ihrer Umgebung Krempel ist.

Krempel liegt im Auge des Betrachters

Krempelbehandlung

Um es auf den Punkt zu bringen: Bei der Wohnungsdiät geht es darum, Krempel aus Ihrer Wohnung zu schaffen. Das bedeutet:

wegwerfen, entrümpeln, verkaufen, verschenken, zurückgeben, recyceln. Entrümpeln bedeutet nicht: putzen, aufräumen oder organisieren. Das kommt erst, nachdem Sie Ihr Gerümpel weggeschafft haben.

Organisieren

Klar, man kann mit viel Liebe und Organisationstalent eine Menge überflüssiger Sachen in einen Schrank sortieren. Sich stundenlang Gedanken machen, wie man Dinge, die man seit Jahren nicht genutzt hat, platzsparend unterbringt – nichts gegen solche Hobbys, aber das hat mit der Wohnungsdiät erst mal nichts zu tun. Gerümpel, das gut in Schränke und Räume hineinorganisiert ist, nimmt weniger Platz weg, bleibt aber, was es ist – Gerümpel.

Putzen

Das Putzen von Dingen, die man am liebsten von ganzem Herzen wegwerfen möchte, kann man sich sparen. Einfach nicht putzen, sondern gleich wegwerfen. Auch Dinge, die blitzblank geputzt sind, können Krempel sein. Wir denken, dass man nur schmutzige Sachen »ausmisten« kann. Das Bild vom Mist zeigt, dass uns der Krempel im übertragenen Sinne »stinkt« und so viel nützt wie ein Misthaufen im Wohnzimmer.

Aufräumen

Aufräumen ist etwas, das man leider immer wieder tun muss. Dabei geht es darum, Dinge, die man benutzt hat, zurück an ihren vorgesehenen Platz zu bringen. Sie haben eindeutig kein Gerümpel vor sich, wenn Sie die Dinge, die Sie aufräumen, mögen und die Sachen einen festen Platz haben. Denn Sie haben sie benutzt, Gerümpel nutzt man selten. Eine aufgeräumte Wohnung kann bis oben hin voll mit Gerümpel sein. (Der oder die Bewohner verbringen wahrscheinlich einen großen Teil ihrer Zeit damit, die Dinge in Schach zu halten.)

Krempelindizien

In unserer Checkliste zu diesem Kapitel haben wir Indizien für Krempel zusammengestellt. Diese Liste können Sie um eigene Definitionen erweitern. Abstrakt gesehen können drei Faktoren ein Ding zu Krempel machen:

1. Das Ding und ich

Das ist der wichtigste Faktor. Selbst wenn ein Ding schön, teuer, geschmackvoll, nützlich und ständig in Gebrauch ist, kann es Krempel sein. Zum Beispiel, weil ich bei jeder Benutzung einen Wutanfall bekomme, da das Ding mich an den Menschen erinnert, der mich auf miese Art verlassen hat. Nicht so spektakulär, aber genauso gerümpelverdächtig: Dinge, die immer da waren, die man aber nicht mehr wahrnimmt (die original verpackte 1982er Kristallkaraffe auf dem Kühlschrank, die 1990er Postkarte von entfernten Bekannten am Kühlschrank und der 2001 gekaufte Pfefferminzsirup im Kühlschrank sind Beispiele für getarntes Gerümpel).

2. Das Ding an sich

Etwas ist kaputt, alt und schäbig oder erfüllt seine Aufgabe nicht so, wie es sollte (zum Beispiel ein Videorecorder, für den man Abitur haben muss, oder die klemmende Kommodenschublade, mit der selbst Safeknacker Probleme hätten). Reparieren Sie es oder ersetzen Sie die Dinge, die Sie nerven, durch etwas Neues, Besseres, Zweckmäßigeres. Manche Dinge sind einfach nicht zu reparieren, schlicht überflüssig, peinlich oder ein Fall für die Geschmackspolizei. Der ehemalige Lieblingspullover mit den Mottenlöchern ist so ein Fall, das Fondue-Set (zuletzt Silvester 19.. genutzt!), die Jeans mit weißem Streifen oder die Holzfigur aus dem Erzgebirge – ein Geschenk der Tante aus der DDR.

3. Das Ding im Raum

Etwas steht im Weg. Immer wieder. Sie stolpern darüber, es kippt vom vollen Tisch, es hat einfach kein Zuhause. Finden Sie heraus, warum das so ist. Oft will man solche Dinge in Wirklichkeit nicht haben. Wenn etwas immer wieder im Weg ist, kann das ein Zeichen dafür sein, dass es Ihnen mental im Weg ist. Prüfen Sie es mit der Krempel-checkliste. Falls Sie es behalten wollen, geben Sie dem Ding eine feste Heimat. Dinge in Räumen, die man nicht so oft nutzt, sind extrem krempelverdächtig. Wahrscheinlich haben Sie im Keller, auf dem Dachboden und in der Abstellkammer eine höhere Krempelquote als in Ihrem Wohnzimmer.

Es sind doch nur Sachen

Es gibt absolut keinen Grund, seine Wohnung mit Dingen zu teilen, die einem auf die Nerven fallen. Schenken Sie Ihre Gefühle den Menschen in Ihrer Umgebung und seien Sie einfach hart zu den Dingen: Es sind doch nur Sachen.

Tipps

- Gehen Sie heute mit Vorfreude durch Ihre Wohnung. Schauen Sie sich gerade die Dinge, die Ihnen immer wieder auf die Nerven gegangen sind, ganz genau an. Nicht mehr lange, und Sie werden aufhören, unter diesen Dingen zu leiden.
- Machen Sie Fotos von Ihrem Zuhause, so wie es jetzt ist. Am besten mit einer Kamera mit Weitwinkelobjektiv. Machen Sie in jedem Raum vier Fotos (eins aus jeder Ecke des Raumes). Ihre schönsten Vorher-Nachher-Fotos können Sie später Ihren Freunden zeigen.
- Wenn es Ihnen in den Fingern juckt, werfen Sie zwei oder drei Dinge weg, die Sie schon immer gestört haben. Beginnen Sie mit der großen Entkrempelungsaktion aber erst in Kapitel 7.

Checkliste Kapitel 2

Wie erkenne ich Krempel?

Wenn eine dieser Aussagen auf ein Ding in Ihrer Wohnung zutrifft, ist die Wahrscheinlichkeit groß, dass Sie Krempel vor sich haben:

- ○ Ich fühle mich mit dem Ding im Raum unwohl.
- ○ Es stört mich einfach so, ohne Grund.
- ○ Ich habe es noch nie benutzt.
- ○ Ich habe es seit einem Jahr nicht vermisst.
- ○ Es steht mir immer wieder im Weg.
- ○ Ich habe es lange nicht mehr bewusst wahrgenommen.
- ○ Es ist kaputt.
- ○ Ich muss lange herumräumen, um es zu erreichen.
- ○ Es ist alt und schäbig.
- ○ Es ist nicht zu Ende gebracht.
- ○ Ich habe es nur gekauft, weil es billig war.
- ○ Es macht mir ein schlechtes Gewissen.
- ○ Es ist ein Geschenk, das ich nicht haben wollte.
- ○ Es geht mir auf die Nerven, wenn ich es nutze.
- ○ Ich finde keinen Platz dafür.
- ○ Ich habe es doppelt und dreifach, obwohl eine Ausführung reichen würde.
- ○ Ich würde nicht merken, wenn es mir jemand stiehlt.
- ○ Es ist Müll, Altglas, Altpapier.
- ○ Es tut nur so, als macht es das Leben leichter.

Kapitel 3

Von Sammlern, Erben und hässlichen Designerlampen

Erkennen Sie, wie Sie zu Ihrem Krempel kamen!

Nachdem Sie in Kapitel 1 die Vorteile der Wohnungsdiät kennen gelernt haben und wir Ihnen in Kapitel 2 die Augen für Krempel geöffnet haben, beantworten wir jetzt die Frage: »Wie sammelt sich der Krempel eigentlich an?«

Die geheimnisvolle Krempel-Vermehrung

Sie werden das kennen: Krempel scheint sich auf geheimnisvolle Art zu vermehren, fast als habe er die Gabe, sich fortzupflanzen. Heimlich scheint er das zu tun, wenn wir nicht zuschauen. Aber: Krempel sammelt sich nicht an. Wir sind es, die Krempel ansammeln. Ganz konkret, indem wir das Zeug durch die Tür in unsere Wohnung oder unser Haus tragen.

Gründe für das Krempelsammeln – die Gesellschaft

Steinzeit – Sammler und Jäger

Alles bei uns Menschen hat irgendwie in der Steinzeit angefangen. Viele moderne Verhaltensweisen können wir auf Lebensbedingungen zurückführen, die über Jahrtausende für unsere Vorfahren galten. Bestimmte Verhaltensweisen stecken uns in den Genen. Zum Beispiel die Vorliebe für süße und fette Nahrung. Für die Jäger und Sammler der Vergangenheit war es überlebenswichtig, mit solcher Nahrung Energiereserven für die Zeiten, in denen es nichts gab, aufzubauen. Davon profitiert heute die Fast-Food-Industrie mit Burgern, Pommes und Cola! Unsere Gene können ihr Glück kaum fassen: Überall gibt es

Alles bei uns Menschen hat irgendwie in der Steinzeit angefangen

Nahrung, süße und fette Nahrung. Auf diese Art Überfluss ist der Steinzeitmensch in uns nicht vorbereitet. Hier hilft nur das bewusste Gegensteuern mit dem Verstand, der bewusste Verzicht. Ähnlich ist es mit dem Krempel, den wir in unsere zentral beheizten Höhlen schleppen. Bis weit in die Neuzeit besaß der durchschnittliche Mensch einfach zu wenig Dinge, als dass sie zu Krempel hätten werden können.

Anfang des 19. Jahrhunderts, also vor etwa 200 Jahren, besaßen Menschen, die auf dem Land wohnten, weniger als 150 Gegenstände. Und dabei ist jede Tasse und jeder Socken mitgezählt. Studenten kommen heute im Schnitt auf 3000 Gegenstände. Zählen Sie in dem Zimmer, in dem Sie gerade sind, die Gegenstände, die Sie sehen. Wenn Sie bei 150 sind, hören Sie auf. Glauben Sie, dass Sie eine Wohnungsdiät bräuchten, wenn Sie nur die gerade gezählten Dinge besitzen würden? Eben. Die steinzeitlichen Jäger und Sammler in uns übertreiben manchmal etwas. Und auf dieses Zuviel sind wir nicht wirklich vorbereitet.

Das Problem mit dem guten Personal

Natürlich hat es in den letzten Jahrhunderten Menschen gegeben, die mehr als 150 Gegenstände ihr Eigen nannten. In einer großbürgerlichen Wohnung des 19. Jahrhunderts gab es wahrscheinlich sogar mehr Gegenstände als in einer vergleichbaren Wohnung heute. Der kleine, aber entscheidende Unterschied: Damals hatte man Personal, das sich um den ganzen Plunder kümmerte. Wir dagegen sind heute in den allermeisten Fällen unser eigenes Dienstpersonal. Das führt zu der paradoxen Situation, dass wir es nicht genießen können, unsere Paläste zu bewohnen, weil wir die ganze Arbeit des Personals tun müssen.

Zweischneidiger technischer Fortschritt

Zwar sparen die technischen Geräte wie Wasch- und Spülmaschinen, Kühlschrank und Mixer einen Teil des damals benötigten Personals ein, aber eben nur einen Teil. Überlegen Sie, wie viel Zeit Ihres Lebens Sie aufwenden, um Ihre Wohnung in Ordnung zu halten, um die Miete oder Hypothek zu erarbeiten und um Einrichtungsgegenstände anzuschaffen. Diese Zeit fehlt Ihnen für das Genießen Ihrer Anschaffungen. Die Wohnungsdiät bietet Ihnen die Möglichkeit, dieses Verhältnis zu überprüfen und in eine neue Balance zu bringen.

Überflussgesellschaft

In weiten Teilen unserer Welt dürfte man uns um das Problem »zu viel Krempel« beneiden. Das ist aber kein Argument dafür, den ganzen Kram in Ihrer Wohnung zu behalten. Es geht in der Wohnungsdiät darum, das richtige Maß zu finden. Damit leisten Sie einen Beitrag, die Ressourcen unserer Erde zu schonen. Denn der ganze Krempel, den Sie in der nächsten Zeit wegwerfen, musste erst produziert, transportiert und verkauft werden.

Die Überflussgesellschaft, wie wir sie heute in Deutschland kennen, hat ihren Ursprung in den Jahren nach dem Zweiten Weltkrieg. Die Menschen wollten damals die Schrecken des Krieges möglichst schnell vergessen und stürzten sich in den Wiederaufbau. Durch das Wirtschaftswunder in den 1950er und 1960er Jahren gab es eine ungeheuere Steigerung der Produktivität. Immer mehr Dinge wurden in den nächsten Jahrzehnten für immer mehr Menschen erschwinglich. Unsere Ansprüche an Wohnungen und Dinge sind in der zweiten Hälfte des 20. Jahrhunderts noch einmal gestiegen. Heute ist eine Familie im Schnitt nur halb so groß wie vor 40 Jahren, hat aber die doppelte Wohnfläche zur Verfügung wie 1960. (Im Schnitt stehen heute jedem Bundesbürger 40 Quadratmeter Wohnfläche zur Verfügung, für die er allerdings 10 mal mehr Miete und Nebenkosten zahlt als 1960.) Wenn Sie alte Familienfotos aus den 1950er Jahren anschauen, wird Ihnen auffallen, dass in den Wohnungen damals viel weniger Dinge standen als heute.

Der Wunsch nach *»mehr«*, *»größer«*, *»schöner«* und *»besser«* war Motor der wirtschaftlichen Entwicklung. Und es ist nichts gegen *»mehr«*, *»größer«*, *»schöner«* und *»besser«* einzuwenden, solange man es wirklich braucht und damit klarkommt. Schwierig wird es, wenn *»mehr«* sich in *»zu viel«* verwandelt, wenn *»größer«* *»zu voll«* bedeutet, *»schöner«* zu *»unpraktisch«* und *»besser«* *»komplizierter«* wird.

Marketinggesellschaft

Was wir brauchen oder nicht, wird heute nicht allein von unseren uralten Jäger- und Sammler-Instinkten oder von rationalen Erwägungen bestimmt. Eine milliardenschwere Industrie beschäftigt sich damit, uns zu erklären, was wir alles brauchen. Vieles davon ist Krempel, gleich von Anfang an. Einige Dinge tarnen sich als nützlich, bis wir sie gekauft haben. Andere tun so, als seien sie billig, bis wir merken, dass es immer Geld kostet, etwas zu kaufen.

Gründe für das Krempelsammeln

Natürlich ist nicht an allem die Gesellschaft schuld. Das Ansammeln von Krempel hat vor allem mit uns selbst zu tun.

Shop-o-holics und Messies

Die Wohnungsdiät richtet sich *nicht* an Menschen mit einem krankhaften Kaufzwang, so genannte Shop-o-holics – sie sind bei einem Psychologen besser aufgehoben. (Und keine Sorge, nur weil Sie gern in Schuhgeschäften unterwegs sind, müssen Sie noch lange nicht zum Psychologen.) Auf echte Messies sollten nicht allein auf die Wohnungsdiät bauen. Messies sind Menschen, die unter einer psychischen Störung leiden und es nicht schaffen, die einfachsten täglichen Arbeiten im Haushalt in den Griff zu bekommen. Laut Marianne Bönigk-Schulz vom Förderverein zur Erforschung des Messie-Syndroms haben Messies schwerwiegende Probleme mit der Organisation der räumlichen Umgebung und der Zeit. Der Alltag eines Messies wird von Unordnung, Durcheinander und Desorganisation bestimmt. Denkblockaden, Depressionen und Konzentrationsstörungen machen Messies manchmal völlig handlungsunfähig. Weil sie sich schämen, einfachste Alltagshandlungen nicht in den Griff zu bekommen, kapseln sich Messies irgendwann von der Außenwelt ab.

Keine Sorge: Wenn Sie zu Hause etwas Chaos haben, sich häufiger mal verspäten und Angst vor unerwartetem Besuch haben, bedeutet das nicht, dass Sie ein Messie sind. Aber wenn Sie sich zum Beispiel seit ein paar Monaten von Ihrem Hausmüll nicht mehr trennen können und in Ihrer Wohnung nur ein schmaler Pfad vom Bett zur Tür führt, könnte es sein, dass Sie ein echter klinischer Messie sind. Die in der Wohnungsdiät in Teil II vorgestellte praktische Methode des Ausmistens und Organisierens ist auch für echte Messies hilfreich. Echte Messies sollten sich bei der Wohnungsdiät auf jeden Fall psychologische Unterstützung suchen, um so der Ursache für ihr Verhalten auf die Spur zu kommen. Wenn Sie wirklich ernsthafte Beschwerden in dieser Richtung haben, wenden Sie sich an die anonymen Messies (www.anonymemessies.de) oder an den Förderverein zur Erforschung des Messie-Syndroms (FEM) e.V. (www.femmessies.de). Bei Femmessies finden Sie ausführliche Informationen zum Thema.

Mangelbewusstsein

Manche Menschen sammeln Krempel an aus dem subjektiven Gefühl heraus, dass ihnen etwas fehlt, obwohl es objektiv nicht der Fall ist. Mangelerlebnisse in Kindheit und Jugend können zu diesem Gefühl beitragen, oder der Eindruck, in anderen Bereichen zu kurz zu kommen. Oft haben Menschen mit dem stärksten Gefühl, im Mangel zu leben, die meisten Dinge um sich versammelt. Für sie ist es subjektiv einfach nicht genug. Der Milliardär Paul Getty war ein prominentes Beispiel dafür. Er besaß alles, was ein Mensch sich wünschen kann, und hatte so starke Angst davor zu verarmen, dass er für Freunde, die bei ihm telefonieren wollten, ein Münztelefon aufstellte.

> Eine Angewohnheit kann man nicht aus dem Fenster werfen. Man muss sie die Treppe hinunterprügeln, Stufe für Stufe.
>
> **Mark Twain (1835–1910), US-amerikanischer Erzähler und Satiriker**

Verlustangst, Sucht – Suche nach Sicherheit

Krempel, den Menschen aus diesen Gründen ansammeln, ist wie ein Panzer. Sie wollen sich gegen den Mangel panzern und durch das viele Zeug ihre Verlustangst mindern. Wenn sich diese Menschen in der Wohnungsdiät dazu überwinden, den Krempel loszulassen, wird sich ihr Leben zum Guten verändern. Denn sie merken, dass ihre Angst unbegründet war: Sie leiden ohne das Gerümpel keinen Mangel.

Das Ansammeln von Krempel kann die Form einer leichten Sucht annehmen. Die Wurzel jeder Sucht ist die Suche nach etwas (daher kommt das Wort »Sucht«). Bei manchen Menschen kann die Suche nach Unvergänglichkeit oder die Suche nach Sicherheit die Sucht nach Krempel auslösen.

Sammelleidenschaft

Der Jäger und Sammler in uns findet immer wieder Gründe, warum es sinnvoll ist, etwas anzuhäufen. Was immer es ist: Münzen, Schuhe, rostige Schrauben, Sportwagen oder Küchengeräte. Was es mit Sammlungen auf sich hat und wie Sie damit umgehen, erfahren Sie in Kapitel 15.

Statussymbole

Mit Statussymbolen will man zeigen, wer man ist und was man hat. Man will sich von den anderen abheben. Statussymbole scheinen auf den ersten Blick das genaue Gegenteil von Krempel zu sein: Meist sind solche Sachen nicht gerade billig und geben dem Nutzer extrem positive Gefühle. Im Augenblick gehen Luxustrends zum Beispiel dahin, sehr teure Uhren zu tragen, die auf den ersten Blick normal aussehen, von denen Kenner aber wissen, wie teuer sie sind.

Gerade die Lust auf Statussymbole kann dazu führen, dass wir uns extrem teuren Krempel anlachen, nämlich dann, wenn wir das Ding zu nichts anderem nutzen, als einen Status zu repräsentieren. Es macht keinen Unterschied, ob jemand mit einem Set Golfschläger, das er nie nutzt, den erfolgreichen Geschäftsmann darstellen will oder sich ein Klavier kauft, nur um zu zeigen, dass er musikalische Ambitionen hat. Oft glauben wir selbst am allermeisten an den »magischen« Effekt von Statussymbolen und daran, dass uns das Ding zu jemand anderem macht und Erfolg, Schönheit, Jugend, Reichtum und Gesundheit bringt. Das »Kleider machen Leute«-Prinzip funktioniert und ist oft Voraussetzung für berufliches Weiterkommen. Wir haben nichts gegen Luxus, Golfschläger und Klaviere, möchten Sie aber anregen, über die wirklichen Gründe mancher Anschaffungen nachzudenken. Gerade bei Statussymbolen ist das nicht einfach, denn über der Erkenntnis »Das ist Krempel, mit dem ich gut angeben kann« liegen viele Schichten logischer Erklärungen, sinnvoller Begründungen und durch die Werbung vermittelter Glaubenssätze, durch die Sie sich hindurcharbeiten müssen.

Der Trend von heute ist das Gerümpel von morgen

Manche Dinge dokumentieren einen Gruppenstatus. Hier geht es darum, dazuzugehören. Wir sind heute alle Individualisten, aber auf eine erstaunlich ähnliche Art und Weise. Plötzlich haben einfach alle in Ihrem Freundes- und Bekanntenkreis einen Wok und keiner weiß, wie das gekommen ist. Ein Trend, eine Mode, ein Muss. Solche Dinge zu besitzen, scheint völlig normal und natürlich, die anderen haben es schließlich auch. Ob man das Ding wirklich nutzt oder nicht, steht an zweiter Stelle.

Es ist nichts dagegen einzuwenden, sich einen Wok zu kaufen, weil alle einen haben und es schön ist, etwas Neues auszuprobieren. Es könnte eine gute Idee sein, den Wok wegzugeben, wenn er seine eigentliche Bestimmung erfüllt hat, nämlich einen Trend mitgemacht zu haben. Der Trend von heute ist das Gerümpel von morgen. Und Sie können sicher sein: Hier geht es Ihren Freunden genauso.

Verewigen – Kampf der Vergänglichkeit

Hier kommen wir zu einem Aspekt, den wir in unserem schönen, schnellen, bunten Leben gern ausblenden. Alles in dieser Welt ist vergänglich und nichts bleibt, wie es ist. Na klar, wissen wir. Bevor Sie mit einem zustimmenden Nicken über diese Tatsache hinweglesen, möchten wir kurz auf den Punkt bringen, was das für Sie bedeutet: Eines Tages sind Sie tot. Eines Tages sind alle Dinge, die Sie jetzt besitzen, kaputt und wertlos. Das ist keine schöne Vorstellung, entspricht aber der Realität. Ein Grund, Krempel anzusammeln, kann sein, sich diese unschöne Tatsache nicht so drastisch vor Augen führen zu müssen. Die Dinge, die wir um uns ansammeln, sollen uns Sicherheit geben. Wir wollen uns gern mit den Dingen verewigen. Mit manchem wertvollen Erinnerungsstück, das von Generation zu Generation weitergegeben wird, mag das möglich sein. Glauben Sie wirklich, dass Ihr Heimtrainer von Generation zu Generation weitergegeben wird und alle Ihre Nachfahren genau wie Sie ihre Kleidung über den Lenker hängen werden?

Wieso schafft man Krempel, der einmal da ist, nicht wieder raus?

Auf diese Frage gibt es mehrere Antworten, die je nach Typ und Gegenstand unterschiedlich ausfallen können. In diesem Abschnitt nennen wir Ihnen einige Gründe, warum man meint, Krempel behalten zu müssen.

Geiz ist nicht geil

Ich kann es zwar nicht gebrauchen, es ist hässlich, steht im Weg und geht mir auf die Nerven, aber es hat Geld gekostet. Wenn ich es jetzt einfach weggebe, könnte ein anderer davon profitieren. Geiz ist in diesem Fall nicht geil, sondern macht einem das Leben schwer. Falls Sie bei sich solche Gedankengänge entdecken, kann Ihnen vielleicht folgende Information helfen: *Sachen behalten kostet Geld,* und zwar in Form des »Lagerraums«, den Sie für die Dinge finanzieren müssen. Moderne Logistik vermeidet heute Lagerhaltung als Kostenfaktor. Das englische Schlagwort dafür heißt »just in time«. In der Wirtschaft hat man für Fehlinvestitionen das schöne Wort von den »sunk costs«, den versunkenen Kosten, geprägt. Es gibt eine Menge Beispiele dafür, dass Menschen zu ihrem eigenen finanziellen Nachteil handeln, weil sie das »versenkte« Geld nicht abschreiben wollen.

Wenn Sie auch in anderen Bereichen merken, dass Sie die Tendenz zum Geiz haben – immerhin eine Todsünde –, können Sie mit folgender Übung eine neue Erfahrung machen: Kaufen Sie zehn Blumen zu mindestens zwei Euro das Stück, gehen Sie auf eine belebte Strasse und verschenken Sie die Blumen an die Menschen, die Ihnen entgegenkommen. Einfach so, ohne etwas dafür zu bekommen. Ein altes Sprichwort sagt: »Das Schenken ist sich selbst der Lohn.« Wenn Sie das mit teuren Blumen geschafft haben, dann wird es Ihnen mit überflüssigem Krempel auch gelingen. Und Sie müssen Krempel nicht wegwerfen oder verschenken. In der Wohnungsdiät zeigen wir Ihnen in Kapitel 21, wie Sie Ihr Gerümpel zu Geld machen.

Fehler eingestehen ist schwer

Ein nie getragenes Paar Schuhe wegwerfen? Ein nie gelesenes Buch aussortieren? Eine Designerlampe für 400 Euro, die Sie schon am ersten Tag nicht mochten, für 30 Euro auf dem Flohmarkt verkaufen? Das tut weh! Klar, das vergeudete Geld schmerzt. Schlimmer ist es aber, dass wir uns in solchen Fällen eingestehen müssen, einen Fehler gemacht zu haben. Und wer macht gern Fehler? Daher scheint es eine super Lösung zu sein, die Schuhe bis zum Sankt-Nimmerleins-Tag im Schrank stehen zu haben und die blöde Lampe von einer Ecke in die andere zu räumen. Erst wenn ich die Sachen aussortiere, ist es amtlich, dass ich Krempel gekauft habe. Vorher kann ich mir einreden, dass ich die Sachen eines Tages benötigen könnte.

Angst vor Reue

Das ist einer der meistgenannten Gründe, warum Menschen sich nicht überwinden können, Krempel zu entsorgen. Sie haben Angst davor, es gleich anschließend oder in der nächsten Zeit zu bereuen. »Sobald ich Klamotten wegwerfe, werden sie wieder modern.« – »Wenn ich etwas aussortiere, brauche ich es sicher später gleich wieder.« – »Das wird bestimmt eines Tages wertvoll.« All diese Aussagen können zutreffen, und sicher besteht die Gefahr, dass Sie etwas wegwerfen und es dann bereuen. Wenn die Angst vor möglicher Reue Sie daran hindert, souverän mit Ihren Sachen umzugehen, haben Sie ein Problem. Die Lösung: Akzeptieren Sie, dass Sie Fehler machen können und etwas wegwerfen, das Sie genau am nächsten Tag brauchen. (Sie haben auch jahrelang den Fehler akzeptiert, Sachen durch Ihr Leben zu schleppen, die absolute Fehlkäufe waren.)

Zum Beispiel: Der Fonduetopf

Was passiert also, wenn der Fonduetopf unwiederbringlich verloren ist und Fondue wieder groß in Mode kommt? Sie haben zwei Möglichkeiten: Entweder Sie bereuen Ihre Tat, den alten öligen Fonduetopf weggeworfen zu haben, und jammern über Ihre falsche Entscheidung. Oder Sie kaufen sich – wenn Ihr

Glück eines Tages davon abhängt – einfach einen schönen neuen Fonduetopf und freuen sich darüber.

Für den Fall, dass Fondue zu Ihren Lebzeiten nicht wieder in Mode kommt, sparen Sie sich eines bis an Ihr Lebensende: nämlich hoffen zu müssen, dass Sie den Fonduetopf eines Tages brauchen können. Darüber hinaus ist mehr Platz im Küchenschrank, die Fonduespieße sind nicht mehr im Weg, und beim nächsten Umzug ist weniger zu tragen.

Lethargie

Wenn sich sehr viel Krempel in Ihrer Umgebung angesammelt hat, werden Sie von Dingen überwältigt, die Ihnen eigentlich dienen sollten. Sie finden keinen Anfang, Sie fühlen sich in einem Dickicht von Krempel gefangen. Es kann sein, dass Sie heimliche »Das Haus brennt ab und ich kann neu anfangen«-Phantasien mit sich herumtragen. Oder Sie verschieben den Angriff gegen den Krempel auf »demnächst«, was so viel wie »nie« heißt. Beliebt ist auch, sich eine größere Wohnung zu wünschen oder zu suchen. Das ist keine Lösung. Wie von Zauberhand füllen sich die neuen Räume mit Gerümpel, so wie breitere Straßen mehr Verkehr anziehen. Schließlich resignieren Menschen vor ihrem Krempel, finden sich mit dem Ballast ab und werden lethargisch.

Panik

Die Lethargie wird dann und wann unterbrochen durch Panikanfälle. Meist wenn sich Besuch ankündigt oder Sie nicht mehr umhin können, Freunde und Arbeitskollegen einzuladen. Dann stopfen Sie kopflos Krempel und Sachen, die Sie gern mögen, in Kisten und in Schränke. Für Besucher entsteht so der Eindruck, alles sei völlig in Ordnung. Das Schlimme dabei ist: Diese Kisten und Schränke werden nach dem Besuch zu einem kaum durchdringbaren Krempeldickicht.

Verwirrung

Solche Aktionen führen oft zu Planlosigkeit, Verwirrung und Überforderung. Man hat einfach den Überblick verloren, isst lieber außer Haus, fühlt sich gestresst, wenn man in seine Wohnung kommt. Dafür macht man gern den Job, Freunde, Partner oder das Wetter verantwortlich. Wenn es bei Ihnen noch nicht so weit ist, können Sie sich freuen. Sie haben dann etwas weniger zu tun. Wenn Sie sich in dieser Beschreibung wiedererkennen, können Sie sich auch freuen, denn die Wohnungsdiät bietet Ihnen ein Werkzeug, diese Verwirrungen Schritt für Schritt aufzulösen.

Schlechtes Gewissen

Es gibt immer wieder Krempel, den wir nicht aus dem Haus schaffen, weil wir ein schlechtes Gewissen haben. Entweder gegenüber den Menschen, die uns das »gute Stück« geschenkt haben, oder weil wir mit dem Ding nicht das gemacht haben, was wir uns vorgenommen hatten. Das schlechte Gewissen nagt an uns und fordert letztlich eines: eine klare und ehrliche Entscheidung. Bis Sie sich entscheiden, nagt das schlechte Gewissen an Ihnen weiter. Jeden Tag. Sie merken es kaum. Aber es kostet immer ein klein wenig Ihrer Energie. Es gibt zwei Lösungswege: Entweder Sie tun, was das schlechte Gewissen fordert, oder Sie verkünden vor sich und aller Welt: »Ich werde diesen Pullover nicht zu Ende stricken. Ich habe geglaubt, ich würde es tun. Ich habe mich geirrt, ich werde es nicht mehr tun.« Dann werfen Sie die Wolle mit dem angefangenen Pullover, den Motten und den Stricknadeln einfach weg. Sie werden sehen: Das Glücksgefühl ist in etwa so groß, als hätten Sie den Pullover zu Ende gestrickt. Wir sind sicher, dass Sie etwas in Ihrer Wohnung haben, das seit Jahren an Ihnen nagt. Setzten Sie sich einen Termin, bis wann Sie es fertig stellen wollen. Wenn Sie es bis dahin nicht getan haben, handelt es sich um Krempel und kann weg. Oder entsorgen Sie es gleich.

Ungeliebte Geschenke

Es gibt das schlechte Gewissen, das man zusammen mit einem Geschenk bekommt. Man glaubt, das Geschenk »in Ehren halten« zu müssen. Hier ist die Lösung einfach: Wenn Ihnen jemand etwas schenkt, gehört es Ihnen. Es ist Ihr Eigentum, und Sie haben keine Verpflichtungen gegenüber dem Geber. Andernfalls ist es kein Geschenk, sondern ein Deal: »Ich gebe dir mein Teeservice und dafür behältst du es bis an dein Lebensende im Wohnzimmerschrank.« Ein Geschenk ist ein Geschenk ist ein Geschenk. Sie können damit tun, was immer Sie wollen. Im Extremfall heißt das, Sie dürfen es wegwerfen. Ganz ohne schlechtes Gewissen. Sie werden sehen, dass Sie sich mit dieser Sichtweise viel mehr über Geschenke freuen können. Sie können den Moment genießen, etwas geschenkt zu bekommen, ohne gleich darüber nachdenken zu müssen: wohin damit?

Ablehnen erfordert Fingerspitzengefühl

Es gehört sehr viel Fingerspitzengefühl dazu, Geschenke nicht anzunehmen. Hier ist es wichtig, sehr behutsam vorzugehen und zuerst die Absicht des Schenkenden zu würdigen, um dann auf die Schwierigkeiten aufmerksam zu machen, die das Geschenk bereitet: »Tante Elisabeth, ich bin wirklich gerührt, dass du so viel Geld für den lebensgroßen Hirtenjungen aus Porzellan für mich ausgegeben hast. Das zeigt mir wirklich, wie gern du mich magst. Und, Tante Elisabeth, ich glaube die Figur würde hier nicht lange überleben. Jona spielt so gern Fußball ...«

Respekt vor Vorfahren

Noch schwieriger ist es mit Erbstücken. Man kann dem Verstorbenen die Sachen nicht mehr zurückgeben. Man fühlt sich geehrt und hat gleichzeitig das Gefühl, seine Vorfahren zu verraten, wenn man Erbstücke wegwirft oder verkauft. Hier können Sie sich fragen, ob es wirklich die Absicht des Verblichenen war, Ihnen das Leben schwer zu machen. Falls ja, sollten Sie sich schnell von den Sachen trennen, denn dann bringen diese Gegenstände keine gute Energie in Ihre Wohnung. Falls nein, können Sie mit den Erbstücken machen, was Sie wollen. Sie gehören jetzt Ihnen. Es gilt die Maxime: Die Dinge sollen Ihnen dienen und nicht Sie den Dingen. Und der alte Spruch trifft zu: »Was du ererbt hast von den Vätern, erwirb es, um es zu besitzen.« Das bedeutet: Machen Sie sich zu Eigen, was Sie geerbt haben, dann gehört es wirklich Ihnen. Wenn Sie ererbte Dinge nur bei sich herumstehen haben (was sie zu Krempel macht), zeigen Sie weniger Respekt vor Ihren Vorfahren, als wenn Sie das Erbstück jemandem schenken oder verkaufen, der damit wirklich etwas anfangen kann. Wenn Sie die alte Anrichte Ihrer Großtante nicht weggeben wollen, weil es ein »Erinnerungsstück« ist, kann Ihnen diese Idee vielleicht weiterhelfen: Machen Sie ein paar schöne Fotos von dem guten Stück. Für Ihre Erinnerung müssten die Fotos ausreichen. Fotos nehmen entschieden weniger Platz weg, sind bei Umzügen leichter zu tragen und müssen nicht abgestaubt werden.

Das doppelte Lottchen

Sollten Sie einen kompletten Hausstand erben, stehen Sie vor dem Problem, dass Sie technisch gesehen sehr viel Gerümpel erben. Denn viele Dinge werden Sie jetzt doppelt haben. Wenn ein Ding sinnvolle Funktionen übernimmt und es kommt ein zweites dazu, das identisch ist, ist eins der beiden Dinge Krempel. Wählen Sie das Bessere und geben Sie das andere weg.

Horror Vacui

Der Horror Vacui (lateinisch: der Schrecken vor oder aus dem Leeren, dem Vakuum) ist eine alte Vorstellung, dass die Natur keine Leere duldet, dass jeglicher leere Raum danach strebt, sich zu füllen. Die Angst vor der Leere ist in unserer Kultur tief verwurzelt. Überall muss etwas sein. Dafür ist der Platz doch da. Erst die moderne Architektur, die sich viele Ideen aus Japan geholt hat, ist auf die Idee gekommen, dass Raum der wahre Luxus ist. Mit der Wohnungsdiät werden Sie sich systematisch in jedem Raum Ihrer Wohnung Freiräume schaffen. Räume entstehen durch das Nichts zwischen den Dingen. Wenn Ihnen das zu philosophisch klingt, probieren Sie es aus. Leere Flächen und Räume bringen Ruhe und Gelassenheit in Ihre Wohnung. Der Effekt ist direkt spürbar. Die freie Fläche gibt Ihnen einen Vorgeschmack darauf, welche Wirkung Ihre Wohnung nach der

Diät haben kann. Sie werden vom Nichts zwischen den Dingen mehr haben wollen. Ein preiswerter Luxus.

Tipps

- Schauen Sie sich die Checkliste an und finden Sie heraus, aus welchen Gründen Sie Krempe! ansammeln. Finden Sie bei fünf Sachen, die Sie eigentlich nicht mögen, den Grund heraus, warum Sie den Krempel behalten.
- Räumen Sie gleich jetzt eine Fläche, zum Beispiel einen kleinen Tisch, völlig frei und achten Sie darauf, dass dort während der ganzen Wohnungsdiät nichts liegt. Oder räumen Sie ein kleines Möbelstück zur Seite und lassen den Raum bis zum Ende der Wohnungsdiät frei, selbst wenn es Ihnen in den Fingern juckt, etwas anderes dorthin zu stellen.
- Die Reue und die Angst vor Reue knüpfen ein intensives emotionales Band zwischen uns und unserem Krempel. Hilfreich ist die Vorstellung, dass fast kein Gegenstand unersetzlich ist. Denken Sie daran, wenn Sie merken, dass Sie mit einem Gegenstand durch das »Band der Reue« verknüpft sind.

Checkliste Kapitel 3

Gründe für das Krempelsammeln

Nutzen Sie diese Checkliste, wenn Sie sich von bestimmten Dingen nicht trennen können und nicht wissen, warum. Fügen Sie gern Ihre eigenen Gründe hinzu.

- ○ Jäger- und Sammler-Trieb
- ○ Auf Marketingtricks reingefallen
- ○ Sammelleidenschaft
- ○ Messie / Shop-o-Holic
- ○ Mangelbewusstsein
- ○ Verlustangst
- ○ Geiz (ist nicht geil)
- ○ Fehler eingestehen ist schwer
- ○ Angst vor Reue
- ○ Lethargie
- ○ Panik
- ○ Verwirrung
- ○ Schlechtes Gewissen
- ○ Ungeliebte Geschenke
- ○ Respekt vor Vorfahren
- ○ Das doppelte Lottchen
- ○
- ○
- ○

Kapitel 4

Was sind Sie für ein Krempeltyp?

Mit diesem Test können Sie bestimmen, was für ein Krempeltyp Sie sind. So erfahren Sie, welche Anteile der Wohnungsdiät Ihnen eher leicht fallen, und erhalten hilfreiche Hinweise für jene Aktivitäten, bei denen Sie sich etwas schwerer tun werden. In den folgenden Kapiteln werden Sie in der Rubrik »Tipps« Hinweise finden, die individuell auf Ihren Krempeltyp zugeschnitten sind.

Lesen Sie die Fragen genau durch und antworten Sie spontan und ehrlich. Dieser Test hat 13 Fragen, es kann nur immer eine Antwort ausgewählt werden. Wählen Sie die Antwort, die Ihnen am stärksten entspricht.

Sie haben im Restaurant das Hauptgericht mit einer besonderen Beilage bestellt. Der Kellner bringt es dennoch, wie es auf der Karte steht. Wie reagieren Sie?

a ○ Ich lasse es höflich, aber bestimmt zurückgehen und warte auf das Gericht, das ich bestellt habe.
b ○ Ich weise den Kellner auf seinen Fehler hin, esse es aber dennoch, weil ich mit meinen Begleitern gemeinsam essen möchte.
d ○ Ich weise den Kellner auf seinen Fehler hin und versuche über Freigetränke als Entschädigung zu verhandeln.
c ○ Ich bestelle nie extra Beilagen.

Sie erwarten Besuch in Ihrer Wohnung. Wie bereiten Sie sich vor?

c ○ Ich verstecke das Leergut im Schrank, sauge, wische Staub, so gut es geht, reinige das Bad und schließe mein Schlafzimmer ab.
d ○ Ich putze das Bad.
b ○ Ich sauge kurz durch und räume die Spülmaschine aus.
a ○ Ich überlege, was ich zu diesem Anlass anziehe.

Sie wollen sich einen tragbaren CD-Player kaufen. Wie entscheiden sie sich für ein Gerät?

d ○ Ich gehe am liebsten in Geschäfte, wo ich über Rabatte verhandeln kann. Es kommt doch auf das Preis-Leistungs-Verhältnis an.

a ○ Ich informiere mich in Fachzeitschriften und entscheide mich für den Besten.

b ○ Ich streune durch die Geschäfte und entscheide aus dem Bauch heraus,

c ○ Ich folge der Empfehlung eines Bekannten.

Was für ein Urlaubstyp sind sie?

c ○ Meistens ergibt es sich so: Ein Freund zieht nach Barcelona, eine Freundin will nicht allein nach Belgien oder ich kann mir gerade nur eine Woche Malta pauschal leisten.

b ○ Ich will Neues sehen, Land und Leute kennen lernen, gut essen und einfach eine schöne Mischung aus Kultur, körperlicher Bewegung und Seele-baumeln-lassen.

d ○ Ehrlich: Ich erhole mich am besten an Orten, wo ich schon einmal war. Man lebt sich schnell ein, hat wenig Stress und genießt die schöne Landschaft.

a ○ Einen gut organisierten Urlaub, zum Beispiel mit einem Tauchkurs, würde ich mir auch etwas kosten lassen.

Wie lautet ihr Geheimnis bei der Partnersuche?

b ○ Der Zeitpunkt muss stimmen, das Gegenüber muss passen, ein gewisser Zauber muss da sein und natürlich die Bereitschaft, sich ehrlich auf den anderen einzulassen.

a ○ Ich weiß ziemlich genau, was ich will. Und ich kann einiges anstellen, um es zu bekommen.

d ○ Ich muss mir sicher sein, dass ich nach den Schmetterlingen im Bauch in meinem Partner auch einen verlässlichen Freund habe.

c ○ Ich glaube, ich bin offen, nicht ganz langweilig, und wenn es funkt, dann funkt es!

Sie suchen eine Wohnung …

a ○ Ich habe eine ziemlich genaue Vorstellung von meiner Traumwohnung. Ich nehme mir viel Zeit, um meinen Traum zu verfolgen. Ich habe wenig Lust, meine Freizeit in einem billigen Kompromiss zu verbringen.

b ○ Man muss Kompromisse machen, und ich habe viele Kriterien, die unterschiedlich wichtig sind. Meine Traumwohnung hätte einen Dachgarten, aber wenn das Umfeld nicht stimmt, entscheide ich mich lieber für einen kleinen Balkon und nette Nachbarn.

d ○ Ich setze mir ein Preislimit und überprüfe die Verkehrsverbindungen zu meinem Arbeitsplatz. Ich möchte in einer ruhigen Gegend wohnen und anständige Nachbarn haben.

c ○ Ich lege Höchstpreis, ungefähre Größe und Gegend fest. Etwas Glück gehört zur Wohnungssuche natürlich dazu. Gut wäre, wenn der Vermieter nicht im Haus wohnt.

Sie stehen am Bahnhof, der Zug hat Verspätung, und Sie denken …

c ○ … klasse jetzt kann ich mir noch ein Brötchen kaufen.

d ○ … wenn der Anschlusszug nicht wartet, kriegen die aber richtig Ärger mit mir!

b ○ … lieber hier meine Zeitung lesen, als auf der A 4 im Stau stehen.

a ○ … ich verstehe nicht, wie ein Unternehmen wie die Deutsche Bahn so schlecht organisiert sein kann.

Sie schauen aus dem Fenster, an der gegenüberliegenden Häuserwand sind über Nacht Graffiti entstanden. Sie denken …

c ○ … da wird sich der Hausbesitzer aber aufregen.

a ○ … gar nicht mal schlecht gemacht, vielleicht wird aus dem Burschen mal ein guter Künstler.

b ○ … eigentlich schöner als die Politparolen, die wir früher gesprüht haben.

d ○ … den Bengels müsste man einfach eine Bürste in die Hand geben und sie das alles abschrubben lassen.

Sie sind im Café mit einem Freund verabredet, er ist schon 15 Minuten zu spät.

d ○ Ich mache mir Sorgen, dass etwas passiert sein könnte.

b ○ Ich genieße es, im Café zu sitzen.

a ○ Nach genau 15 Minuten gehe ich. Das wissen meine Freunde.

c ○ Ich überlege, ob ich mich in der Uhrzeit oder dem Ort vertan habe.

Ordnen Sie Ihrer Traumwohnung drei Attribute zu.

a ○ Stilvoll, ordentlich, kühl.
b ○ Hell, lebendig, warm.
d ○ Gemütlich, schön, gepflegt.
c ○ Praktisch, sauber, freundlich.

Welche Hausarbeit mögen Sie am wenigsten?

a ○ Wäsche aufhängen.
c ○ Geschirr spülen.
d ○ Fenster putzen.
b ○ Staub wischen.

Was würden Sie auf eine einsame Insel mitnehmen?

d ○ Eine Reiseapotheke.
a ○ Ein original Schweizer Messer mit vielen Funktionen.
c ○ Eine Hängematte,
b ○ Mein Lieblingsbuch.

Was halten Sie von Psychotests?

a ○ Ich glaube, dass ich sie schnell durchschaue, und überliste sie, um ein gutes Ergebnis zu bekommen.
b ○ Sie sind eine brauchbare Anregung, über sich selber nachzudenken.
d ○ Die meisten sind unseriös, aber unterhaltsam.
c ○ Ich komme da nie richtig drin vor.

Erklärung

Neben den Antworten, die Sie angekreuzt haben, finden Sie Buchstaben. Zählen Sie bitte jetzt, von welchem Buchstaben Sie die meisten angekreuzt haben. So finden Sie heraus, welcher Krempeltyp Sie hauptsächlich sind: a steht für Purist, b für Boheme, c für Schlamper und d für Sammler.

Es gibt im wirklichen Leben mehr als vier verschiedene Krempeltypen, wir haben hier für Sie die Extrembeispiele beschrieben. Wahrscheinlich haben Sie Anteile aller vier Krempeltypen.

Beachten Sie deshalb bitte auch Merkmale, die weniger auf Sie zutreffen.

Purist (a)

Sie glauben wahrscheinlich, dass Sie gar keine Wohnungsdiät brauchen. Äußerlich ist Ihre Wohnung fast im Idealzustand: Reduziert, klar, ordentlich und ohne Gerümpel. Sie umgeben sich gern mit guten Dingen, achten auf Qualität; Billigprodukte sind Ihnen ein Gräuel. Aber auch Sie werden etwas aussortieren können, Krempel finden, unliebsame Gegenstände im Schrank haben. Ihre Wohnungsdiät sollte Sie zum Nachdenken anregen: Klären Sie Ihr Verhältnis zu den Dingen. Denken Sie an den Leitsatz »Sie dienen nicht den Dingen, die Dinge dienen Ihnen«. Wenn Sie zu sehr an den Dingen hängen, bedeutet das eine Belastung für Sie. Machen Sie Ihre Sachen nicht zum Fetisch, das strengt Sie an: Eine Espressomaschine soll Espresso machen, sie soll auch gut aussehen, aber erstens muss es nicht die eine, einzig wahre Espressomaschine auf der Welt sein und zweitens soll sie Ihnen so lange dienen, bis sie kaputt ist, und nicht, bis die

Purist: Versuchen Sie, Ihren Gegenständen gegenüber entspannter zu sein

nächste Generation einzig wahrer Espressomaschinen auf den Markt kommt. Überlegen Sie, welche Rolle bei Ihren Kaufentscheidungen Status und Außendarstellung haben und inwiefern Sie selber wahre Freude an den Dingen haben. Versuchen Sie, Ihren Gegenständen gegenüber entspannter zu sein. Dinge, die man jeden Tag benutzt, können ruhig Gebrauchsspuren haben. Das gibt ihnen einen eigenen Charme. Ihnen sind alle Dinge wie ein Schatz und Sie hüten Ihre Schätze. Wenn etwas kaputtgeht leiden Sie. Deshalb fühlt sich Besuch in Ihrer Wohnung manchmal unwohl: Man kann bei Ihnen so viele Fehler machen. Lassen Sie als kleine Übung ruhig einen Freund an Ihren Plattenspieler, vielleicht ruiniert er ihn ja gar nicht.

Boheme (b)

Sie können sich spontan für Dinge begeistern und neigen dazu, Gegenstände aller Art emotional aufzuladen. Seien es Urlaubserinnerungen, Kirmesgewinne, spontane Mitbringsel von Freunden, Konzertkarten, eine im Wald gefundene Wurzel von bizarrer Form: Mit allem wollen Sie sich umgeben, alles ist Ihnen irgendwie ans Herz gewachsen, und alles liegt irgendwo herum. Ihre Wohnung ist Ihr Schatzkästlein. Eigentlich wissen Sie, dass diese Dinge Ihre Hausarbeit unnötig vervielfachen, und betrachten vieles mittlerweile als nutzloses Zeug. Es sollte Ihnen nicht so schwer fallen, Ihre Schätze zu reduzieren. Wenn sich Ihre sentimentale und pragmatische Seite im Widerspruch befinden, wenn es darum geht, über einen Gegenstand zu entscheiden, dann lassen Sie den Pragmatismus öfter mal gewinnen. Es mag sein, dass Sie für manche Entscheidung länger brauchen. Im Prozess werden Sie schnell merken, wie wohltuend sich emotionaler Ballast gleichsam mit entrümpelt. Erliegen Sie bitte nicht der Verführung, alles im Keller »zwischenzulagern«. Sie werden während der Wohnungsdiät mit Ihren selbst auferlegten Aufgaben wachsen und Freude an der Arbeit empfinden. Sie wissen, dass eine gewisse Gefahr besteht, neuen Kram anzusammeln, und sollten deshalb monatliche »Krempelkontrollen« machen.

Schlamper (c)

Sie glauben vermutlich, dass Sie ein schwieriger Fall für die Wohnungsdiät sind, doch Sie haben einen großen Vorteil: Es fällt Ihnen leicht, sich von Dingen zu trennen. Übernehmen Sie sich nicht, indem Sie sich zu viel auf einmal vornehmen. Gönnen Sie sich einen großzügigen Zeitplan, den Sie dann wirklich einhalten. Sie werden von der Wohnungsdiät umso stärker profitieren, je mehr Sie Ihre Neigung (und Fähigkeit!) zum Improvisieren in den Hintergrund stellen und sich »brav« an die Vorgaben hal-

Boheme: Sie neigen dazu, Gegenstände aller Art emotional aufzuladen

Schlamper: Gönnen Sie sich einen großzügigen Zeitplan

ten. Sie werden sehr schnell deutlich sichtbare Ergebnisse erzielen, die Sie motivieren. Ihre Motivation beziehen Sie aus praktischen Erwägungen, das wird Ihnen sehr helfen. Denken Sie daran: Niemand will Sie »verbiegen«; wenn Sie wollen, bleiben Sie, wie Sie sind. Sie werden am Ende eine Wohnung haben, in der Sie sich viel wohler fühlen, und Ihre Freunde werden staunen! Keine panischen Aufräum- und Vertuschungsaktionen mehr, kein schlechtes Gewissen, weil immer irgendetwas zu tun ist. Aus Ihrer Wohnung wird kaum ein staubfreier Raum werden, in dem die Kugelschreiber in Reih und Glied liegen. Aber der Aufwand, mit dem Sie Ihre Bude nach Lust und Laune oder im Bedarfsfall dazu machen, wird sich minimieren. Und falls Sie noch keine haben: Wenn Sie es sich irgendwie leisten können, kaufen Sie sich eine Spülmaschine.

Sammler (d)

Sie haben viele Dinge, die Sie mit Bedacht ausgewählt haben. Sie behalten vieles, weil es »zu schade zum Wegwerfen« ist, obwohl Sie es nicht mehr benutzen. Materielle Werte vermitteln Ihnen das Gefühl von Sicherheit, deshalb können Sie sich grundsätzlich schwer von Dingen trennen. Geschenke, die Sie nicht mögen, die aber gut gemeint waren, können Sie aus Loyalität zu den Schenkern nicht weiterverschenken. Sie haben sich für die Wohnungsdiät entschieden, um sich von Dingen zu befreien. Das Kapitel 15 zum Thema Sammeln wird Ihnen zusätzliche Entscheidungshilfen geben. Schon zuvor müssen Sie Sammlungen und Ansammlungen mit dem Wohnungsdiät-Blick betrachten.

Sammler: Geschenke, die gut gemeint waren, behalten Sie aus Loyalität zu den Schenkern

Wenn Ihnen eine ältere Sammelleidenschaft nichts mehr sagt, scheuen Sie sich nicht, die Sammlung komplett zu verkaufen. Wenn Sie wissen, dass Dinge weiterverwendet werden oder im Idealfall ein paar Euro einbringen, fällt Ihnen die Trennung wesentlich leichter. Da Ihnen das Kaufen von Dingen solche

Freude bereitet, sind Sie anfällig für den »Jojo-Effekt«. Rufen Sie sich beim Einkauf ruhig die Prinzipien der Wohnungsdiät ins Gedächtnis. Ihre Wohnung wird wahrscheinlich niemals so karg aussehen wie eine nach strengen Bauhaus-Prinzipien eingerichtete Wohnung. So eine Wohnung würde nicht zu Ihnen passen. Das ist nicht das Ziel der Wohnungsdiät. Sie sollen sich in Ihren vier Wänden wohl fühlen, nur darum geht es.

Kapitel 5

Motivation kommt von Motiv

Denn Sie wissen, was Sie tun!

Wir wollen Ihnen nichts vormachen: Die Wohnungsdiät ist mit Arbeit verbunden, und es kann zwischendurch anstrengend werden. In diesem Kapitel möchten wir Ihnen zeigen, wie es Ihnen gelingt, mit Freude die Wohnungsdiät anzupacken und zu einem befriedigenden Ergebnis zu bringen.

So bringen Sie den Spaß zur Arbeit

Anstrengend kann die Wohnungsdiät dadurch werden, dass Sie Dinge durch die Gegend tragen müssen. Sie werden Kisten mit Altpapier in den Container wuchten, Gerümpel zum Flohmarkt tragen oder auf die Kippe schleppen und sich für oder gegen jedes Ding in Ihrer Wohnung bewusst entscheiden. Gerade die Sache mit den Entscheidungen scheint für die meisten Menschen, die eine Wohnungsdiät machen, der anstrengendste Teil zu sein. Kein Wunder, denn sie ändern mit der Wohnungsdiät jahrelang eingeübte Verhaltensmuster. Sie schlagen nicht nur eine Schneise in den Krempelverhau in ihrer Wohnung. Sie brechen damit gleichzeitig alte geistige Verkrustungen auf. Und das ist anstrengend.

Sie werden im Laufe der Wohnungsdiät merken, dass es Ihnen immer leichter fällt: Je mehr Ballast Sie loswerden, desto einfacher geht es, desto freier werden Sie sich fühlen. Es gibt einige oft erprobte Methoden, die Ihnen helfen, mit Schwung und guter Laune durch die Wohnungsdiät zu gehen.

Startdatum festlegen

Legen Sie ein genaues Datum fest, an dem Sie mit dem Ausräumen beginnen. Die Wohnungsdiät haben Sie längst angefangen. Sie meinen, Sie hätten nicht begonnen? Natürlich haben Sie begonnen: Veränderungen beginnen immer im Kopf, das ist auch bei der Wohnungsdiät so. Die Kapitel, die Sie bisher gelesen haben, bereiten Sie mental auf das vor, was Sie in den nächsten Kapiteln praktisch umsetzen werden. Legen Sie jetzt das Startdatum fest, an dem Sie mit Teil II der Wohnungsdiät beginnen wollen.

Zeitblöcke reservieren

Reservieren Sie sich in der nächsten Zeit feste Zeitblöcke für die Wohnungsdiät. Die Erfahrung hat gezeigt, dass es gut ist, mindestens 90 Minuten am Stück zu haben. Ideal sind zwei bis drei Stunden als Block. Wo können Sie die Blöcke finden? Ein Vorschlag: Im Durchschnitt sehen die Deutschen täglich mehr als drei Stunden fern. Wenn Sie diese Zeit jeden zweiten Tag einsetzen, wird Ihre Wohnungsdiät schnelle Fortschritte machen.

> Lasst uns arbeiten, ohne zu grübeln.
> Das ist das einzige Mittel,
> das Leben erträglicher zu machen.
> **Voltaire (1694–1778), französischer Philosoph und Schriftsteller**

Enddatum festlegen

Ein wichtiger Punkt. Legen Sie ein Enddatum der Wohnungsdiät fest. Und machen Sie es sich schwer, das Datum zu verschieben. Zum Beispiel, indem Sie Ihre Freunde zu sich in die schöne neue Wohnung einladen. Die Einladungen – zum Beispiel für ein Abendessen – verschicken Sie am Ende von Kapitel 7. Dort erfahren Sie, wie Sie den Zeitbedarf für die Wohnungsdiät schätzen können.

Schritt für Schritt vorgehen

Die Wohnungsdiät ist so aufgebaut, dass Sie Schritt für Schritt vorgehen. Dadurch behalten Sie den Überblick und können den Fortschritt Ihrer Arbeit kontrollieren. Die Checklisten in jedem Kapitel unterstützen Sie dabei. Um Verwirrung und Chaos zu vermeiden und zügig voranzukommen, halten Sie sich am besten genau an das in den folgenden Kapiteln beschriebene System. So vermeiden Sie doppelte Arbeit. Und: Je weiter Sie kommen, desto leichter wird es. Das liegt am vorher beschriebenen positiven Rückkoppelungseffekt.

Etwas tun können

Wir leben in einer komplexen Welt. Dass »sich etwas ändert«, hängt oft von so vielen Faktoren ab, die Sie nicht direkt beeinflussen können. Manche Dinge scheinen sich ewig nicht zu ändern, und wir sind ihnen einfach ausgeliefert. Anders bei der Wohnungsdiät. Hier sind Sie endlich zu Hause. Hier bestimmen allein Sie, was passiert und wie schnell es sich verändert. Sie merken, dass Sie Veränderungen selbst in Angriff nehmen können. Das bringt Freude, Selbstvertrauen und Zuversicht.

Krempel läuft nicht weg

Wenn Sie nichts unternehmen, wird der Krempel bleiben, wo er ist, und Ihnen weiter das Leben schwer machen. Leiden ist keine angenehme Motivationsquelle, aber eine sehr wirkungsvolle. Bedenken Sie: Je früher Sie die Wohnungsdiät zum Erfolg gebracht haben, desto eher hören Sie auf, unter dem Ballast zu leiden. Wenn Sie die Wohnungsdiät aufschieben, wird die Arbeit nicht weniger. Der Krempel wird einfach noch da sein.

Sich belohnen

Es tut immer gut, sich nach einem erfolgreichen Arbeitsschritt zu belohnen. Stellen Sie für sich eine Liste mit Belohnungen zusammen, die Sie sich immer schon gönnen wollten. Nach jedem erfolgreich abgeschlossenen Kapitel wählen Sie sich eine Belohnung aus der Liste aus und setzen sie möglichst bald in die Tat um. Wie Ihre Belohnungen aussehen, wissen Sie selbst am besten. Hier ein paar Anregungen: Tag im Saunaland, Besuch einer Kunstausstellung, Essen beim Franzosen, einen

Sonntag in der Sonne im Café sitzen und nichts tun, ein bunter Strauß Blumen, Zeit nur für mich, eine Packung sündhaft teurer Pralinen oder ein Ausflug mit Freunden in die Natur. Es gibt eine Menge Möglichkeiten, sich zu belohnen. Und da wir bald am Ende von Kapitel 5 sind, können Sie gleich beginnen, gut zu sich zu sein. Fünf von 24 Belohnungen stehen Ihnen jetzt zu. Ist das nicht schön?

Mitstreiter suchen

Egal was man tut, gemeinsam geht es meist leichter. Wenn Ihnen die Wohnungsdiät bis jetzt gefällt, suchen Sie Mitstreiter. Erzählen Sie Freunden und Bekannten von Ihrem Projekt. Sie werden merken, Sie sind mit Ihrer Aufgabe nicht allein. Bringen Sie andere dazu, mitzumachen. Sie können während der Wohnungsdiät Ihre Erfahrungen austauschen, sich gegenseitig unterstützen und motivieren.

Krempel zu Geld machen

Den Menschen, die den materiellen Verlust bereuen, hilft (neben dem nochmaligen Lesen von Kapitel 3) die Vorstellung, wie sie aus totem, in Krempel gebundenem Kapital Geld machen können. Es kann sehr motivierend sein, sich vorzustellen, was man sich mit dem durch die Wohnungsdiät wieder »flüssig« gemachten Geld Gutes tun wird. Mehr zum Verkaufen von Krempel finden Sie in Kapitel 21.

Das Ergebnis ausmalen

Wirklich schön ist es, sich das Ergebnis jetzt auszumalen. Schließen Sie für fünf Minuten die Augen und stellen sich plastisch vor, wie es ist, in Ihrer Wohnung ohne Krempel, Gerümpel und überflüssiges Zeug zu leben. Schauen Sie sich das Ergebnis in Ruhe an. Gehen Sie in Ihrer Vorstellung durch jeden Raum Ihrer neuen Wohnung. Genießen Sie es. Beobachten Sie Ihre Gefühle. Mit dieser Übung holen Sie die Zukunft in die Gegenwart. Jetzt sehen Sie Ihr Ziel klar vor Augen. Und das Tolle ist: Sie werden es bald erreicht haben.

Tipps

- Es ist von Vorteil, wenn Sie sich keine Belohnungen ausdenken, die etwas mit dem Kaufen von Dingen zu tun haben, die später als Krempel enden könnten. Suchen Sie sich besser Belohnungen, die Sie im Hier und Jetzt genießen können.
- Wenn Sie mit anderen zusammen eine Wohnungsdiät beginnen, können Sie am Ende gemeinsame Wohnungsdiät-Partys veranstalten, bei der Sie Freunden und Bekannten von Ihren Erlebnissen und Veränderungen erzählen.
- **Purist:** Setzen Sie sich nicht mit Ihrem Perfektionismus unter Druck, auch den werden Sie während der Diät entrümpeln.
- **Sammler:** Stöbern Sie bei ebay, und bringen Sie den Wert von Dingen in Erfahrung, von denen Sie sich trennen werden.
- **Boheme:** Wenn Sie gern zeichnen oder schreiben, können Sie sich das Ergebnis in einem Brief an sich selbst oder in einer Zeichnung ausmalen, die Sie in Ihrer neuen Welt zeigt.
- **Schlamper:** Bringen Sie das Leergut weg. Und glauben Sie uns: Sie schaffen das schon.

Checkliste Kapitel 5

Belohnungen

Bitte tragen Sie in diese Checkliste 24 Belohnungen ein, die Sie sich schon immer gönnen wollten. Nach jedem Kapitel wählen Sie aus dieser Liste die Belohnung aus, die Ihnen am besten gefällt.

1	
2	
3	
4	
5	
6	
7	
8	
9	
10	
11	
12	

13

14

15

16

17

18

19

20

21

22

23

24

Kapitel 6

Auf die Plätze ...

Jetzt können Sie endlich die Ärmel hochkrempeln und loslegen!

In diesem Kapitel bereiten Sie die Wohnungsdiät praktisch vor. Ein paar Dinge müssen Sie sich besorgen, um den Krempel effektiv loszuwerden. Aber keine Sorge. Der Krempel wird danach nur weniger.

Diese Dinge bitte vor Teil II (Kapitel 7) besorgen

- Ein Klemmbrett (darauf können Sie die Checklisten klemmen).
- 1 Block Klebezettel (Post it's) in Signalrot.
- 6 Bananenkisten oder ähnlich große Pappkartons, Körbe oder Umzugskisten.
- 1 Personenwaage. Falls Sie keine besitzen, leihen Sie sich eine für die Zeit der Wohnungsdiät aus.
- Feuchtes Wischtuch, Eimer, Neutralreiniger.
- Musik: Schnelle Rhythmen, aufmunternd, motivierend. Die Musik sollte Sie nicht ablenken oder zum Träumen verführen.
- 1 Schatzkiste. Zum Beispiel eine schön gearbeitete Holzkiste oder ein gediegener alter Lederkoffer. Ein Behältnis, in dem Sie die Souvenirs aufbewahren, die Ihnen ans Herz gewachsen sind, die aber nicht ständig im Regal aufbewahrt werden müssen.

Diese Dinge bitte vor Teil II (Kapitel 7) tun

Mitbewohner unterrichten

Wenn Sie mit anderen Menschen zusammenwohnen und diesen bisher nichts von Ihrem Vorhaben erzählt haben, ist jetzt der Moment dafür gekommen. An dieser Stelle eine wichtige Information: Sortieren Sie nur Dinge aus, die Ihnen selbst gehören. Sie können selbst bei Menschen, die mit Ihnen zusammenwohnen, nie sicher sein, welche emotionalen Bindungen diese zu bestimmten Dingen haben. Was für Sie wie Krempel oder Müll aussieht, kann für Ihre Mitbewohner ein wahrer Schatz sein.

Einigung mit dem Partner

Wenn Sie mit einem Partner zusammenleben und sich Ihr Partner unerklärlicherweise nicht für Ihr Projekt erwärmen kann, stecken Sie Bereiche in der Wohnung oder im Haus ab, für die Sie verantwortlich sind, und Bereiche, in denen Sie nichts unternehmen. Die Erfahrung zeigt, dass Entrümpeln ansteckend ist. Oft findet der Partner nach kurzer Zeit Gefallen an den Ergebnissen und macht nach einigen Tagen mit. Bei gemeinsamem Besitz sollten Sie aus Respekt vor Ihrem Partner auf jeden Fall gemeinsam entscheiden: Krempel oder nicht?

> Fürchte nicht das Chaos,
> denn im Chaos wird das Neue geboren.
> **C. G. Jung (1875–1961), Tiefenpsychologe**

Kinder einbeziehen

Kinder sind für ihren Krempel selbst verantwortlich. Im Guten wie im Schlechten. Falls Sie bisher alles hinter Ihren Kindern hergeräumt haben, ist jetzt der ideale Zeitpunkt, damit aufzuhören. Falls Sie bisher für Ihre Kinder entschieden haben, was wegkommt und was bleibt, ist das der ideale Zeitpunkt, mit diesen Übergriffen aufzuhören. Respektieren Sie das Eigentum Ihrer Kinder und setzen Sie gleichzeitig durch, dass Ihre Kinder ihr Chaos selbst entsorgen. Sie haben die Chance, das Entkrempeln mit Ihren Kindern zu einem großen Spiel zu machen.

Freuen Sie sich, dass es jetzt richtig losgeht!

Theoretisch, praktisch und mental sind Sie nun gut vorbereitet. Sie können es wahrscheinlich kaum abwarten, endlich »direkt am Krempel zu arbeiten«, im nächsten Kapitel werden Sie einige praktische Vorbereitungen treffen, in Kapitel 8 wird der erste

Krempel aus Ihrer Wohnung verbannt, und dann geht es Schlag auf Schlag, Zimmer für Zimmer so weiter.

Tipps

- Im Supermarkt fragen, da gibt es Bananenkisten meist gratis, nach der Wohnungsdiät kommen die Kisten ins Altpapier.
- Die Schatzkiste sollte etwas ganz Besonderes sein. Entweder Sie nehmen sich viel Zeit für die Gestaltung oder kaufen eine Kiste, die Ihnen gut gefällt. Denn Sie sollen darin Ihre Schätze aufbewahren. Eine aufwändig hergestellte oder teuer gekaufte Kiste verhindert meist, dass Sie Dinge zu Schätzen deklarieren, die keine sind.
- Gute Musik für die Wohnungsdiät, je nach Ihrem Geschmack, ist Johann Sebastian Bach. Klarer Rhythmus lenkt nicht ab. Hippiemusik aus den 1970ern ist fröhlich und begeisternd, Technosound, unterstützt das systematische Sortieren.
- **Schlamper:** Bei Ihnen kann die Schatzkiste auch eine von Ihnen dafür bestimmte Schublade sein, da Sie einen sicheren Blick für echte Schätze haben.
- **Purist:** Wenn Sie Mitbewohner haben, sprechen Sie eindeutige Grenzen ab, damit Sie nicht über das Ziel hinausschießen.
- **Boheme:** Wählen Sie die Schatzkiste nicht zu klein!
- **Sammler:** Die Kiste **»Verwerten«** darf bei Ihnen etwas größer als eine Bananenkiste ausfallen.

Checkliste Kapitel 6

Schilder für Sortierkisten

In der Checkliste finden Sie Kopiervorlagen für Schilder, die Sie auf die Stirnseite der Bananenkisten kleben können. Jetzt ist alles vorbereitet für den zweiten Teil der Wohnungsdiät. Wir freuen uns darauf, Sie durch den nächsten Teil Ihrer Wohnungsdiät begleiten zu können.

Entscheidungskiste

(Ich entscheide schnell und leicht!)

Müll
(Wegwerfen & Recyceln)

Neuer Ort

(Ich finde einen neuen Platz.)

? Unklar ?

(Ich werde es bald wissen!)

Reparieren

(Reinigen & Zurückgeben)

Verwerten
(Verschenken & Verkaufen)

Schätze

Teil II
Die Wohnungsdiät

Herzlich willkommen zum zweiten Teil der Wohnungsdiät. In Kapitel 7 lernen Sie zuerst die Techniken kennen, mit denen Sie effektiv und einfach Ihre Wohnungsdiät zum Erfolg bringen werden. In den Kapiteln 8–14 begleiten wir Sie Raum für Raum – angefangen im Eingangsbereich – durch Ihre gesamte Wohnung. Für jeden Raum erhalten Sie nützliche Tipps und Checklisten, mit denen Sie den Erfolg Ihrer Wohnungsdiät überprüfen und sichern können. Ihren Schreibtisch haben wir nicht vergessen: Sie lernen, wie Sie mit einem ebenso einfachen wie genialen System Ihren Papierkram ein für alle Mal in den Griff bekommen. In den Kapiteln 15 und 16 bringen Sie das Aufräumen zum Abschluss: Sie überprüfen Ihre Sammlungen und Souvenirs nach den Kriterien, die Sie während der Wohnungsdiät gelernt haben. Schließlich machen Sie die Endkontrolle und sortieren und putzen Ihre Sachen in einem Rutsch. Am Ende von Kapitel 16 wird Ihre Wohnung ein anderes Gesicht haben. Wir wünschen uns, dass Sie schließlich in Ihr Sofa fallen und sagen: »Endlich zu Hause«.

Kapitel 7

Auf die Technik kommt es an

Mit dem richtigen System treffen Sie blitzschnelle Entscheidungen und kommen rasch voran!

In diesem Kapitel werden Ihnen verblüffend einfache Techniken zur Verfügung gestellt, mit denen Sie gründlich, flüssig und effektiv arbeiten können. Dabei helfen Ihnen klare Kategorien, in die Sie jeden Gegenstand einordnen können.

Technik des Sortierens

Oft wird einfaches Aufräumen dadurch anstrengend, dass man sich verzettelt. Genau wie alles andere kann man effektives Aufräumen lernen. Nach neuesten arbeitswissenschaftlichen Erkenntnissen und aus eigenen Praxiserfahrungen haben wir eine Technik entwickelt, die verhindert, dass Sie sich beim Entrümpeln selbst verwirren und verzetteln, das Chaos vergrößern und entnervt aufgeben. Mit der Wohnungsdiät werden Sie zügig Ihr Ziel erreichen: eine Wohnung, in der sich die für Sie genau richtige Menge an Gegenständen befindet. Der entscheidende Vorteil der Wohnungsdiät ist, dass Sie systematisch vorgehen. Sie arbeiten sich Stück für Stück, Raum für Raum durch Ihre Wohnung. Sie eröffnen nicht mehrere »Baustellen« gleichzeitig. Sie laufen nicht mit nur einem Gegenstand eine halbe Ewigkeit lang durch die Wohnung und suchen eine neue Bleibe für das Ding, das Sie am Ende vielleicht wegwerfen.

Hausdurchsuchung

Sie gehen genauso systematisch vor wie die Polizei bei einer Hausdurchsuchung. Sie werden in jedem Raum jedes Ding in die Hand nehmen und sofort entscheiden, was damit passiert. Sie gehen Schritt für Schritt vor. In jedem Raum arbeiten Sie sich vom Eingang angefangen im Uhrzeigersinn vor. Sie nehmen sich jedes Möbelstück, jede »Kramecke« und jede Fläche Schritt für Schritt vor. Regale sortieren Sie Ebene für Ebene von oben nach unten.

Sortierkisten

Ihr wichtigstes Werkzeug bei der Wohnungsdiät sind die Sortierkisten. Sie haben an den Kisten die Schilder aus Kapitel 6 angebracht. Sie stellen die Kisten in dieser Reihenfolge (von links nach rechts) auf den Boden:

- Müll (Wegwerfen & Recyceln)
- Neuer Ort (Ich finde einen neuen Platz.)
- Verwerten (Verschenken & Verkaufen)
- ? Unklar ? (Ich werde es bald wissen!)
- Reparieren (Reinigen & Zurückgeben)
- Schätze

Jetzt gehen Sie zum ersten Regal oder Schrank links neben dem Raumeingang und leeren das oberste Regalbrett vollständig in die Kiste mit der Beschriftung:

Entscheidungskiste (Ich entscheide schnell und leicht!)

Die Entscheidungskiste ist Ihre Sortierzentrale. Von dieser Kiste aus verteilen Sie die Dinge auf die anderen sechs Kisten. Stellen Sie sie so auf (zum Beispiel auf einen Stuhl), dass Sie mit einem Handgriff Dinge zurück ins Regal stellen können und auch ganz bequem Dinge in die anderen Kisten werfen oder legen können.

Nachdem Sie das Regalbrett abgewischt haben und Musik aufgelegt haben, die Sie motiviert und munter hält, geht es los: Sie nehmen immer nur einen Gegenstand aus der Entscheidungskiste in die Hand und entscheiden sofort und ohne lange nachzudenken, wohin er kommt. Nach der Vorbereitung in Teil I sollte es Ihnen leicht fallen, sich bei den meisten Dingen schnell zu entscheiden. Wichtig ist, dass Sie hier einen zügigen Rhythmus entwickeln und sich nicht ablenken lassen.

Entscheidungskriterien

Entscheiden geht schneller mit dem Bauch als mit dem Kopf. Der Kopf argumentiert, der Bauch weiß. Vertrauen Sie Ihrem Bauch, Ihrer Intuition, Ihrem Gefühl, wenn Sie sich nicht sofort sicher sind. Die Testfrage für Ihren Verstand lautet:

»Tut es mir gut und nutze ich es?«

Etwas, das Ihnen im Prinzip gut tun würde, das Sie aber nicht nutzen (Heimtrainer), ist genauso Krempel wie etwas, das Sie nutzen, das Ihnen aber nicht gut tut (viel zu lauter Föhn).

Zweifel können Sie auflösen, indem Sie sich immer wieder klar machen: »Es gibt keine falschen Entscheidungen.« Nur wenige Entscheidungen haben Folgen für die Ewigkeit. (Notfalls müssen Sie auf dem Flohmarkt nach dem gleichen alten Fonduetopf suchen, weil Sie merken, dass Sie ohne ihn nicht leben können.)

In Zweifelsfällen können Sie sich denken oder vor sich hin sagen: »Ich bin sicher, ich lasse es los.« (Sie sind sicher, dass Sie richtig entschieden haben, und Sie sind sicher, das heißt geborgen, in dieser Welt auch ohne den Krempel um Sie herum.)

Müll

Dinge, die Sie wegwerfen wollen, werfen Sie ohne zu zögern in die Kiste mit der Aufschrift **Müll** (Wegwerfen & Recyceln). Sobald diese Kiste voll ist, tragen Sie die Kiste zum Wohnungseingang. Dort wiegen Sie die Kiste auf der Personenwaage und tragen das Gewicht in die Krempelliste ein. Dann mit Schwung und frohem Herzen in den Müll oder ins Recycling damit. Das ist der Ballast, den Sie losgeworden sind.

Verwerten

Dinge, von denen Sie glauben, dass sie gut verkäuflich sind, legen Sie in die **Verwerten** (Verschenken & Verkaufen)-Kiste. Sobald diese voll ist: Zum Wohnungseingang damit, auf die Ballastwaage und dann in ein »Zwischenlager« am besten außerhalb der Wohnung (Keller, Garage oder Ähnliches). Achten Sie darauf, nur Dinge in die **Verwerten**-Kiste zu legen, die Sie guten Gewissens verschenken können und die Sie mit hoher Wahrscheinlichkeit verkaufen können. Dinge, die in dieser Kiste liegen, werden nicht den Weg zurück in Ihre Wohnung finden. Setzen Sie sich ein Datum, bis wann Sie die Dinge verkauft haben werden, und schreiben Sie das Datum gut sichtbar auf die Kiste. Alles, was danach übrig ist, wird automatisch zu Müll umdeklariert. (Gerade Menschen, die Probleme haben, sich von Krempel zu trennen, weil sie meinen, ihn noch gebrauchen zu können, sollten sich klar machen: Nichts aus der **Verwerten**-Kiste kommt zurück in mein Haus. Ende. Aus.)

Neuer Ort

Während der Wohnungsdiät müssen Sie nicht ständig mit einzelnen Sachen hin und her laufen, um einen neuen Ort dafür zu suchen. Die Dinge, die auf dem Regalbrett gut und richtig untergebracht waren, kommen dahin zurück, die Dinge, die Sie behalten wollen, die aber an einem anderen Ort besser aufgehoben

Entscheiden geht schneller mit dem Bauch als mit dem Kopf

sind, kommen in die Kiste **Neuer Ort**. Nachdem Sie einen Raum komplett durchsortiert haben, nehmen Sie sich die Kiste **Neuer Ort** wieder vor, geben den Inhalt noch mal in die Sortierkiste. Sind Sie sich sicher, dass diese Dinge nur einen neuen Ort brauchen, oder ist es Krempel?
Wenn Sie Dinge in Räume stellen wollen, die Sie mit der Wohnungsdiät noch nicht erreicht haben, dann bleiben diese Dinge zunächst in der Kiste **Neuer Ort**. Den anderen geben Sie in den sortierten Räumen einen neuen festen Platz. Meist finden Dinge im selben Raum einen neuen Ort. Wollen Sie viel von einem Raum zum anderen umsortieren, dann nehmen Sie weitere Kisten **Neuer Ort** dazu. So behalten Sie den Überblick.

? Unklar ?

Wenn diese Kiste bei Ihnen ruck, zuck voll ist und sich nichts in der **Müll**-oder **Verwerten**-Kiste befindet, sollten Sie noch einmal in Teil I überprüfen, welches Verhältnis Sie zu Ihren Gegenständen haben. Ansonsten ist es natürlich, dass Sie sich bei manchen Dingen nicht sofort entscheiden können. Sobald Sie merken, dass Sie mehr als 10 Sekunden zögern, ist Ihre Entscheidung getroffen: Das Ding kommt in die Kiste **? Unklar ?** Diese Kiste ist dafür da, dass Sie sich durch zu langes Überlegen nicht aus dem Rhythmus bringen lassen. Sortieren Sie im Takt der Musik. Lassen Sie sich nicht zum Nachdenken über die Herkunft der Dinge und die kleinen Anekdoten am Rand verleiten. Denn dann kommen Sie nie ans Ziel.

Reparieren

Kaputte Dinge, die Sie behalten wollen und bei denen sich das Reparieren lohnt, legen Sie in die **Reparieren**-Kiste. Hier hinein gehören Dinge, die in die Reinigung gebracht werden müssen, und Dinge, die Sie an Ihre Eigentümer zurückgeben wollen. Kurz: Alle Dinge, die aus dem Haus müssen und an jemanden weitergegeben werden, und alle Dinge, die Sie selbst reparieren werden, kommen in diese Kiste. Sie sollten sich bei den Dingen, die Sie reparieren lassen wollen, sicher sein, dass sich der Aufwand lohnt. Bedenken Sie: Kaputte Dinge, die Ihnen immer wieder auf die Nerven gehen, verursachen hohe Kosten. Zum einen erhöht sich durch solche Dinge die Unfallgefahr, zum anderen sinkt durch kaputtes Zeug die Lebensqualität. Dinge, die kaputt sind, sind Krempel. Egal wie teuer sie waren und egal wie gut sie früher funktioniert haben. Fragen Sie sich, ob Sie sich ein kaputtes Ding, so wie es jetzt ist, kaufen und in Ihre Wohnung stellen würden. Falls nicht: Was sucht es dann da?

Rote Zettel

Es gibt Dinge, die kaputt sind, die nicht in die **Reparieren**-Kiste passen oder die man besser vor Ort repariert. Diese Dinge markieren Sie mit einem roten Post-it-Zettel. Auf den Zettel schreiben Sie, was zu tun ist, wer es tun soll und bis wann es fertig sein soll. Das tragen Sie in die Checkliste »Rote Zettel« am Ende dieses Kapitels ein. Auch hier gilt: sich nicht vom Sortieren ablenken lassen und zügig weitermachen. Sie kümmern sich um die roten Zettel, die nach dem Entkrempeln eines Raumes nicht sofort erledigt werden können, am Ende der Sortierphase in Kapitel 16. Die roten Zettel helfen Ihnen, die Dinge zu erkennen, die bisher im Verborgenen schlummerten, entweder als Störfelder oder als ständiges Nagen des schlechten Gewissens. Durch die »Rote-Zettel-Liste« machen Sie sich diese Mängel bewusst und bekommen sie in den Griff.

Schatzkiste

In die Schatzkiste legen Sie Ihre Schätze. Das sind Dinge, die keinen hohen materiellen Wert haben müssen, zu denen Sie aber eine starke emotionale Verbindung haben. In die Schatzkiste sollten Sie nur ausgewählte Dinge legen, die Ihnen etwas bedeuten oder die Sie an wichtige Momente in Ihrem Leben erinnern. Manchmal sind diese Gegenstände nicht schön oder dekorativ, oder sie sind so persönlich, dass nicht jeder Besucher sie sehen soll. Daher die Schatzkiste. Wichtig bei der Schatzkiste ist, dass Sie sich intensiver für Ihre Schätze Zeit nehmen. So nehmen Sie die Gefühle und Erinnerungen bewusst wahr. Hin und wieder können Sie ausgewählte Stücke aus der Schatzkiste in ein Regal Ihrer Wohnung stellen.

Die Inhalte von Schatzkisten sind so unterschiedlich wie die Menschen, die Schatzkisten besitzen. Rein strukturell gibt es im Allgemeinen den Unterschied zwischen Dingen und Papieren. Wenn Sie wollen, können Sie Ihre Schatzkiste mit kleineren schön gestalteten Unterboxen in Epochen Ihres Lebens unterteilen: Kindheit, Jugend, Ausbildung, große Liebe, Reisen und Kinder. Die Papiere (Briefe, Karten, Zeichnungen von Kindern, alte Pässe und Ausweise) können Sie in einen schön beklebten Ordner mit eingehängten Prospekthüllen einsortieren.

Vorsicht vor Träumereien

Dinge, die in die Schatzkiste gehören, können Sie schnell aus dem Sortierrhythmus bringen. Sie finden in einer Schublade eine Muschel, die Sie an den ersten Urlaub mit der großen Liebe erinnert, und können sie »schon« nach 35 Minuten in die Schatzkiste legen. Ab und zu ist das o. k. Wenn Ihnen das allerdings zu oft passiert, kommen Sie einfach nicht vorwärts. Das Sortieren der Schatzkiste können Sie mit Muße und Liebe nach der Wohnungsdiät beginnen. Und hier die einfache Regel: Alles, was nicht sofort und klar von Ihnen als Schatz erkannt wird, ist wahrscheinlich keiner.

> Beim Abschied wird die Zuneigung zu den Sachen,
> die uns lieb sind, immer ein wenig wärmer.
> **Michel de Montaigne (1533–1592), französischer Philosoph**

Möbel und Riesenteile

Manchmal sieht man den Wald vor lauter Bäumen nicht. Mancher Krempel ist so groß, dass er nicht in Kisten passt und man ihn nicht mehr wahrnimmt. Manche Möbel waren »immer« da und werden das bleiben, wenn Sie nichts dagegen unternehmen. Regale und Schränke selbst werden zum Beispiel zu Krempel, wenn Sie nichts mehr haben, was Sie sinnvoll in sie hineinräumen können. Und Vorsicht: Ein leerer Schrank bleibt nicht lange leer. Krempel nimmt sich den Platz, den Sie ihm geben. Ist der Schrank weg, können Sie keinen Krempel mehr hineinräumen. Überprüfen Sie Ihre Möbel nach den Krempelkriterien. Wenn das Möbelstück kaputt und unansehnlich geworden ist, wenn Sie die Anrichte Ihrer Tante nie gemocht haben, wenn Sie sich über den unbequemen Stuhl und das unpraktische Schränkchen ärgern, ist jetzt die Zeit gekommen, diese Möbel zum Sperrmüll zu geben. Nach der Wohnungsdiät kaufen Sie bei Bedarf nach und nach die Möbel, die Ihnen wirklich gefallen, die zu Ihnen passen und die ihre Funktion optimal erfüllen.

Markieren Sie den großen Krempel, wie zum Beispiel Möbel, mit einem Post-it-Zettel, auf den Sie »Weg!« schreiben. Und schaffen Sie diese großen Krempelstücke möglichst schnell aus dem Haus.

Zeitplanung für die Wohnungsdiät

Wie lange Sie für Ihre Wohnungsdiät brauchen, hängt von drei Faktoren ab:

- Die Zeit, die Sie jeden Tag für die Wohnungsdiät aufbringen können.
- Die Menge der Gegenstände in Ihrem Besitz.
- Ihre Motivation und Entschlussfreude beim Aussortieren.

Um herauszufinden, wie viele Stunden Sie für die Entkremplungsphase der Wohnungsdiät brauchen, nehmen Sie sich einen Schrank oder ein Regal vor und stoppen die Zeit, die Sie zum Entkrempeln brauchen. Dann gehen Sie durch alle Räume, die Sie entkrempeln wollen, und überschlagen grob, wie viele »Regaleinheiten« Sie vor sich haben.

Rechenbeispiel

Angenommen, Sie haben ein Regal in einer Stunde entkrempelt und sehen in Ihrer Wohnung Dinge, die insgesamt etwa dem Inhalt von 20 Regalen entsprechen, dann können Sie von einer Kernentkremplungszeit von etwa 20 Stunden ausgehen. Eine Faustregel aus dem Projektmanagement besagt, dass man so errechnete Werte mal 3 nehmen muss, um auf die real benötigte Zeit zu kommen. In diesem Fall: 20 Entkremplungsstunden mal 3 macht 60 Stunden. Wenn Sie dann zehn Stunden für das Organisieren und Putzen der entkrempelten Wohnung dazu rechnen und je zehn Stunden für das Reparieren von Dingen und für das schöne Gestalten Ihrer Wohnung, die Einweihungszeremonie und die Vorbereitung der Einweihungsparty, kommen Sie zu einem realistischen Wert.

Auf den Rhythmus kommt es an

Hier ein Rechenbeispiel: Angenommen, Sie sortieren 5000 Gegenstände. (Sie erinnern sich: Studenten besitzen im Schnitt 3000.) Weiter angenommen, mit der eben beschriebenen Methode können Sie über jeden Gegenstand in maximal drei Sekunden eine Entscheidung treffen und ihn in die passende Kiste werfen. Auf diese Weise brauchen Sie für den reinen Sortiervorgang etwas mehr als vier Stunden: Eine überschaubare Zeit also.

Halten Sie sich mit jedem der 5000 Gegenstände im Schnitt eine Minute auf (weil Sie durch die Wohnung laufen und nach einem neuen Platz suchen, weil Sie sich nicht entscheiden können und weil Sie alten Erinnerungen nachhängen), dann brauchen Sie für den gleichen Sortiervorgang 83 Stunden.

Vermeiden Sie es, die Gegenstände, die Sie zurückstellen, einzeln zu putzen. Das lenkt Sie ab und bringt Sie aus dem Rhythmus. Das Regalbrett, die Schublade oder das Schrankfach putzen Sie nur, um sicher zu gehen, dass nichts liegen bleibt – um sich klar zu machen: Da ist nichts mehr. Am Ende der Entrümpelungsphase werden Sie Ihre Wohnung in einem Durchgang viel effektiver putzen können.

Es hat sich gezeigt, dass es ideal ist, mindestens 90 Minuten am Stück zum Sortieren zu haben, besser sind zwei bis drei Stunden. Wenn Sie sich jetzt fragen: »Woher soll ich die Zeit nehmen?«, haben wir hier eine Anregung für Sie: Im Schnitt schaut der Deutsche drei Stunden und 15 Minuten Fernsehen am Tag. Wenn Sie sich dreimal in der Woche zwei bis drei Stunden Zeit für die Wohnungsdiät nehmen und am Wochenende noch mal sechs bis acht Stunden, haben Sie nach vier bis fünf Wochen eine komplett runderneuerte Wohnung und sind am Ziel: Endlich bei sich zu Hause.

Das hört sich nach viel Arbeit an …

Je nach Wohnung und Motivation werden Sie mehr oder weniger Zeit benötigen. Wir wollen Ihnen nicht das Blaue vom Himmel versprechen. Dann denken Sie, Sie hätten etwas falsch gemacht, oder zweifeln an der Qualität der Wohnungsdiät. Das ist nicht unser Ziel. Eine tief greifende Veränderung wie die Wohnungsdiät braucht einfach ihre Zeit. Sie verändern die Dinge um sich herum, und dadurch verändert sich Ihre Einstellung zu den Dingen. Das hat Auswirkungen auf alle Lebensbereiche. Wir empfehlen Ihnen: Nehmen Sie sich die Zeit, die Sie brauchen, und genießen Sie die Veränderung, die Sie selbst herbeiführen.

… aber es lohnt sich und macht Spaß

Je mehr Räume Sie entkrempelt haben, umso leichter wird es Ihnen fallen. Sie lösen in der relativ kurzen Zeit der Wohnungsdiät Strukturen auf, die sich über Jahre etabliert haben. Sie brechen alte Verkrustungen auf und ändern eingeschliffene Verhaltensweisen. Das kann Ihnen eine Menge Aha-Erlebnisse bescheren. Es ist ein befriedigendes Gefühl, den alten Ballast, der bisher Ihr Leben verstopft, verklebt und beschwert hat, loszulassen. Sie können spüren, wie durch das Entkrempeln nach und nach alles wieder in Fluss kommt. Nicht nur in Ihrer Wohnung, sondern auch in Ihrem Körper, in Ihren Beziehungen zu anderen, sogar in Job und Liebe.

Den Überblick behalten – Checklisten

Zur Technik der Wohnungsdiät gehören Checklisten. Ursprünglich in der Fliegerei erfunden, um bei komplizierten Vorgängen sicher zu sein, nichts vergessen zu haben, sind Listen zum Abhaken heute in vielen Bereichen im Einsatz.

Wie Sie bereits wissen, stellen wir ans Ende eines jeden Kapitels Checklisten, mit denen Sie prüfen können, ob Sie alle Punkte beachtet haben. Eine in allen Punkten abgehakte Checkliste gibt Ihnen das Gefühl: Ich habe nichts übersehen. Jetzt ist es gut. Und damit Sie nicht vergessen, Ihre Belohnungen einzulösen, haben wir auch das in den Checklisten vermerkt. Die Checklisten kommen auf das Klemmbrett. So können Sie überall in der Wohnung Punkte abhaken und Einträge machen und immer sehen, wie weit Sie mit der Wohnungsdiät gekommen sind.

Tipps

- Um herauszufinden, wie viel Krempel Sie aus der Wohnung schaffen, nutzen Sie eine Personenwaage. Am einfachsten ist es, sich selbst mit der Kiste auf die Waage stellen und das eigene Gewicht von der angezeigten Zahl abzuziehen. Wenn Sie mögen, tragen Sie das Gewicht des aussortierten Krempels in die Checkliste »Gewichtsabnahme« am Ende dieses Kapitels ein. So können Sie den Fortschritt der Wohnungsdiät für sich spürbar machen. Die Gesamtsumme des Gewichts wird in Kapitel 18 interessant.
- Jeder Mensch sollte eine Schatzkiste besitzen. Denken Sie an später: Altersvorsorge sollte nicht nur beim Geld betrieben werden. Erinnerungen an frühere schöne Zeiten sind im Alter mindestens genauso wichtig.
- In Härtefällen kann Ihnen ein Freund oder eine Freundin den Takt vorgeben. Ein Stück wird hochgehalten, und Sie müssen sofort entscheiden.
- An wirklich gute Freunde, deren Entscheidungen Sie auch sonst akzeptieren, können Sie das Aussortieren delegieren. Die Erfahrung zeigt: Über Gerümpel, das einem nicht selbst gehört, entscheidet man leichter.
- Sie kommen viel schneller voran, wenn Sie eine Wohnungsdiät über Kreuz machen: Sie sortieren den Krempel eines Freundes aus, der sich gleichzeitig um Ihre Sachen kümmert.
- **Boheme:** Nur 20 Prozent der Dinge, die wir besitzen, brauchen wir oft und gern. Daher liegen Sie mit der Regel »Im Zweifel weg« meist richtig.

- **Sammler:** Beachten Sie, dass es zur Wohnungsdiät gehört, sich schnell und intuitiv zu entscheiden. Langwieriges Abwägen ist beim Sortieren nicht angebracht.
- **Purist:** »Das war aber teuer«, ist kein Argument.
- **Schlamper:** Hilfreich für Sie kann es sein, sich zum Beispiel alle 20 Minuten einen Wecker zu stellen und zu kontrollieren, ob man noch sortiert oder schon träumt, räumt und kramt. Was immer Ihnen hilft, im Sortierrhythmus zu bleiben, ist gut für Sie.

Checkliste Kapitel 7

Zeitplan

Datum	von … bis … Uhr	Raum	Aufgabe	O.K.

Checkliste Kapitel 7

»Gewichtsabnahme«
Übersicht des entsorgten Krempels

Raum	Müll kg	Verwerten kg	Summe	erledigt

Checkliste Kapitel 7

»Rote Zettel«
Übersicht der Aufgaben nach dem Entkrempeln (Reparieren, neu kaufen etc.)

Raum	Was ist zu tun?	Wer macht es?	Bis wann?	erledigt

Kapitel 8

Komm'se rein, könn'se 'rausgucken

Mit dem Eingangsbereich begrüßt Ihre Wohnung Sie und Ihre Gäste. Machen Sie Ihre Wohnung freundlich, offen, nett und sympathisch!

In diesem Kapitel geht es um den Eingangsbereich, die Flure und Durchgänge, symbolisch gesehen, die Lebensadern Ihrer Wohnung. Außerdem machen wir einen kleinen Ausflug in Ihre Geldbörse.

Die Nicht-Zimmer

Vier Zimmer, Küche, Diele, Bad – so werden Wohnungen in der Zeitung beschrieben. In die Diele, den Flur, wird oft ausgelagert, was man in den »echten« Zimmern nicht haben will. Da steht es dann wie bestellt und nicht abgeholt. Man sollte aber Fluren und Durchgängen als Teile der Wohnung die gleiche Aufmerksamkeit schenken wie beispielsweise einem Wohnzimmer. Sie sind genauso wichtig für die Atmosphäre der ganzen Wohnung wie jeder andere Raum. Manche messen ihnen als »Lebensadern« der Wohnung sogar eine besondere symbolische Bedeutung zu. Tatsächlich spricht vieles dafür, sie nicht zu Abstellräumen zu degradieren. Überprüfen Sie Ihren Eingangsbereich, indem Sie versuchen, Ihre Wohnung mal mit den Augen eines Fremden zu betreten. Welchen Eindruck macht er? Fühlen Sie sich auf Anhieb wohl?

Symbolik

Im Eingangsbereich begrüßen Sie Ihre Gäste. Und: Der Eingangsbereich begrüßt Sie und Ihre Gäste. So symbolisiert er Ihr Verhältnis zu anderen Menschen. Das beginnt vor der Tür: Ist Ihr Namensschild leserlich? Stehen ausgelagerte Dinge im Hausflur? Schaffen Sie Platz für die Garderobe. Hängen Sie hier nur

Jacken und Mäntel auf, die Sie gerade nutzen, also keine Wintermäntel im August. Sorgen Sie dafür, dass sich Ihre Eingangstür vollständig öffnen lässt. Sorgen Sie für ausreichende Beleuchtung. Denken Sie daran, dass niemand gern von Müll begrüßt wird. Der Eingang zu Ihrer Wohnung soll wie eine freundliche Einladung wirken.

Funktion

Wir befinden uns in der Ein- und Ausflugsschneise Ihrer Wohnung. Viele Menschen haben hier ihren Telefonanschluss und eine Ablagefläche, auf die sie bei Ihrer Heimkehr meistens ihren Schlüsselbund werfen. Und vielleicht die Post, den Autoschlüssel, die Handtasche. Eventuell das Handy. Wenn Sie diese Dinge nie suchen müssen, weil Sie sie immer an den gleichen Ort legen, Glückwunsch. Ansonsten definieren Sie bitte Orte für die mobilen Dinge, die Ihre Wohnung immer wieder verlassen: eine Kommode (auf der nichts anderes liegt), das gute alte Schlüsselbrett oder ein Tablett (auf dem sich nicht auch noch leere Batterien, aus der Handtasche verbannte Pfefferminzbonbons und der Prospekt mit den Sonderangeboten von letzter Woche befinden). Gewöhnen Sie sich einfach an, die Sachen immer am selben Ort abzulegen.

> Gewohnheit besteht darin, dass man
> einen bestimmten Platz für jede Sache hat
> und sie niemals dort aufbewahrt.
>
> **Mark Twain (1835–1910), US-amerikanischer Erzähler und Satiriker**

Exkurs: Mobiler Krempel – das dicke Portemonnaie

Quittungen, Bons, Fahrkarten, Visitenkarten, Zettel mit Notizen und Telefonnummern, ein abgelaufener Bibliotheksausweis. In Ihrem Portemonnaie sammelt sich immer wieder Krempel an. Die Geldbörse ist ideal für die kleine Entrümpelung zwischendurch: Telefonnummern ins Telefonbuch übertragen, Fahrkarten wegschmeißen, Quittungen abheften, und schon ist wieder Platz für Geld in der Börse.

Willkommen daheim

Vielleicht waren der Eingangsbereich und der Flur bislang die Bereiche Ihrer Wohnung, die in der Putz- und Aufräumreihenfolge weit hinten lagen. Der praktische Teil Ihrer Wohnungsdiät beginnt hier. Damit gleich am Anfang das Nachhausekommen schöner wird.

Tipps

- **Boheme:** Mobiles, Regale mit »Ausstellungsstücken« und anderem Schnickschnack können einen Flur verstopfen, so wie Cholesterin die Adern verstopft. Sorgen Sie für Platz!
- Oft gibt es kein natürliches Licht in den Eingangsbereichen. Sorgen Sie vor dem Aufräumen für ausreichende Beleuchtung.
- **Purist:** In engen Fluren und Dielen sollten keine Möbel stehen. Schaffen Sie Platz für das Begrüßen und Verabschieden an der Tür. Sie sollten Ihren Freunden in den Mantel helfen können, ohne die Garderobe herunterzureißen.
- **Sammler:** Schauen Sie sich Ihr Portemonnaie genau an: Brauchen Sie wirklich alle Busfahrkarten der letzten drei Monate? Ist es nich an der Zeit, die abgelaufene Bahncard wegzuwerfen? Leeren Sie Ihr Portemonnaie komplett aus und stecken Sie nur noch ein, was Sie regelmäßig brauchen.
- Legen Sie statt Notizzetteln ein großes Notizbuch neben das Telefon. So haben Notizen ihren festen Platz.
- **Schlamper:** Weisen Sie Ihren laufenden Entsorgungen hier einen kleinen Platz zu, einen Weidenkorb mit Deckel zum Beispiel, in den Sie die Dinge legen, die aus dem Haus müssen. So werden Sie nicht mehr vergessen, bei jedem Verlassen des Hauses etwas mitzunehmen: Altpapier, Altglas, leere Batterien und dergleichen.

Checkliste Kapitel 8

Flur und Eingangsbereich

- ○ In meinem Flur ist es hell.
- ○ In den Schränken/der Kommode herrscht Klarheit.
- ○ Neben dem Telefon liegen nur ein Notizbuch und ein Stift.
- ○ Ich habe über jeden Gegenstand im Raum entschieden.
- ○ Die Türen lassen sich ganz öffnen.
- ○ Ich habe nichts übersehen, weil es zu groß oder zu klein ist.
- ○ Es steht nichts mehr auf dem Boden, außer der Kiste **Reparieren** (Reinigen & Zurückgeben).
- ○ Die Durchgänge sind frei.
- ○ Alles hat seinen Platz.
- ○ Die Kiste **Müll** (Wegwerfen & Recyceln) ist entsorgt.
- ○ Die Kiste **? Unklar ?** (Ich werde es bald wissen!) ist durchgesehen; was unklar bleibt, ist im »Zwischenlager«.
- ○ Die Kiste **Verwerten** (Verschenken & Verkaufen) ist ins »Zwischenlager« gebracht.
- ○ Ich habe alle roten To-do-Zettel erledigt oder in die To-do-Liste übertragen.
- ○ Ich habe mir meine Belohnung ausgesucht.
- ○
- ○
- ○
- ○
- ○

Kapitel 9

Schlafen Sie schön

Im Schlafzimmer verbringen Sie mehr Zeit als in allen anderen Räumen. Viel Spaß im Bett!

In diesem Kapitel geht es um Ihr Schlafzimmer, Ihren Kleiderschrank, Ihr Bad und um einen gesunden erholsamen Schlaf. Gerade das Schlafzimmer sollte Ruhe und Entspannung ausstrahlen. Das Bad verspricht schnelle und leichte Erfolge, während der Schuhschrank sicher schwere Entscheidungen erfordert.

Der ruhige Raum

Im Schlafzimmer sucht man, unter anderem, einen ruhigen entspannenden Schlaf. Ein Drittel Ihres Lebens verbringen Sie im Schlafzimmer. Ein voll gestellter Raum lässt Sie schlechter schlafen. Dinge unter Ihrem Bett führen zu einer unruhigeren Atmosphäre, selbst wenn man sie nicht sieht. Manchmal hat man den Eindruck, unter dem Bett würde sprichwörtlich das Unterbewusstsein lauern, verpackt in Kisten und Kästchen. Manchmal ist es das schlechte Gewissen in Form eines nie genutzten angeblich Bauch straffenden Sportgerätes. Die meisten Schlafzimmer vertragen eine strenge Diät: Selbst Bilder an den Wänden können störend wirken, überprüfen Sie Ihren Wandschmuck daraufhin. Achten Sie besonders auf überflüssige Möbelstücke. Je leerer Ihr Schlafzimmer ist, desto ruhiger wird es wirken. Wenn Ihr Schlafzimmer klein ist, kann es sogar sinnvoll sein, über einen besseren Ort für den Kleiderschrank nachzudenken. Vielleicht träumen Sie in einem krempelfreien Schlafzimmer sogar besser. Egal, ob Sie gut geträumt haben, abenteuerlich oder schlecht: Erwachen Sie stets in einem klaren, sauberen, schönen Raum. Denn dort beginnt jeder neue Tag.

Erotik

Machen wir uns nichts vor: Erotik findet meistens im Schlafzimmer statt. Warum nicht! Betten sind bestens für Sex und Liebe geeignet. Welche Atmosphäre wünschen Sie sich für den Raum, in dem Sie Sex haben? Krempel ist hundertprozentig unsinnlich. Nutzen Sie Ihr Schlafzimmer nicht als Abstellkammer, nur weil es tagsüber nicht betreten wird. Bügelbretter und schmutzige Wäsche sind sicher nicht Dinge, die wir mit Erotik in Verbindung bringen.

Nichts anzuziehen?

Widmen Sie sich im Schlafzimmer jetzt dem Inhalt Ihres Kleiderschranks. Ist er überfüllt, und trotzdem haben Sie das berühmte »Ich habe nichts anzuziehen«-Gefühl? Legen Sie Ihre komplette Garderobe auf das Bett und überprüfen Sie genau, was Sie wirklich davon anziehen. Sie werden staunen, wie gering der Prozentsatz Ihrer regelmäßig getragenen Kleidung ist. Überlegen Sie, warum Sie die anderen Sachen nicht lange schon weggegeben haben. Worauf warten Sie? Sie haben nichts von »guten« Sachen, die nur im Weg sind. Was Sie seit zwei Jahren nicht getragen haben, werden Sie vermutlich nie wieder tragen. Wenn Sie unsicher sind, machen Sie eine kleine Modenschau. Manches, was in Ihrem Schrank hängt, hat Ihnen womöglich nie gefallen. Vermutlich haben Sie es aus einer Laune heraus gekauft, oder weil es billig war. Bei der Gelegenheit denken Sie über Ihr Kaufverhalten nach. Für die meisten Menschen würde es sich lohnen, weniger, aber dafür hochwertige Kleidung anzuschaffen. Kaufen Sie nur noch »Lieblingssachen«! Nach der Modenschau gilt wieder das Prinzip: pro Stück jeweils drei Sekunden – und weg damit in die Sortierkisten.

Verweis

Verfahren Sie ebenso mit dem Schuhschrank. Ja, wir meinen das ernst, liebe Leserinnen. Die Wohnungsdiät empfiehlt Ihnen, sich von Schuhen zu trennen. Natürlich nur, wenn diese die Merkmale von Krempel tragen. Sie können sich jetzt mit verschränkten Armen vor Ihren Schuhschrank stellen und rufen: »Die sind alle gut!« Und Sie erklären, dass dieses Paar, das Sie vor drei Jahren anhatten, woraufhin Sie zwei Tage kaum laufen konnten, eigentlich sehr gut ist. »Muss man nur einlaufen. Trage ich bestimmt noch mal.« Unbenommen. Die Wohnungsdiät ist ein Ratgeber und kein Gesetzbuch. Wir wissen nicht, ob nach der Wohnungsdiät drei, fünfundzwanzig oder hundert Paar Schuhe die angemessene Anzahl für Sie sind. Aber wir wissen, dass Sie das herausfinden werden.

Badezimmer

Ein Badezimmer sollte pflegeleicht sein. Entfernen Sie alle leeren Tuben und Döschen aus dem Schrank und von den Ablagen. Prüfen Sie das Haltbarkeitsdatum. Parfüms halten nicht ewig. Badezusätze, die Sie nicht mögen, sind selbstverständlich Krempel. Sie kennen mittlerweile die Prinzipien der Wohnungsdiät, im Bad dürften Sie leichtes Spiel haben.

> »Der Duschvorhang gehört in die Wanne.«
>
> **Letzte Worte von Conrad Hilton (1887–1979), Gründer der gleichnamigen Hotelkette, auf die Frage, was sein Vermächtnis an die Angestellten sei.**

Guten Morgen, gute Nacht

Genießen Sie den Luxus, den Ihnen dieses Kapitel gebracht hat. Sie schlagen morgens die Augen auf, und was Sie sehen, ist erfreulich: Ein klasse Schlafzimmer. Sollte das Gesicht, das Sie dann im Spiegel sehen, um diese Uhrzeit nicht ganz so toll aussehen, sagen Sie einfach: Ich kenne Sie zwar nicht, aber ich wasche Sie trotzdem – und sieht das Badezimmer hier nicht super aus?

Tipps

- Lassen Sie nur das aktuelle »Einschlafbuch« auf dem Nachtschränkchen liegen.
- Legen Sie nichts auf den Kleiderschrank, selbst wenn er sich geradezu anbietet.

- Befassen Sie sich beim Thema Kleidung mit Ihren aktuellen Lieblingsfarben. Das verhindert zukünftige Fehlkäufe.
- Wenn Sie ein Bett mit Schubladen haben, lagern Sie darin nur saubere, gefaltete Wäsche, am besten Bettwäsche und Handtücher.
- Manche Menschen reagieren sensibel auf wild gemusterte Bettwäsche, sie schlafen darin unruhig.
- Das Schminkköfferchen nicht vergessen: Leere Packungen und alte Sachen wegschmeißen. Sortieren Sie dann alle Utensilien aus, die Ihnen nicht mehr gefallen.
- **Purist:** Überprüfen Sie, ob Sie sich mit den Bildern im Schlafzimmer wohlfühlen. Hängen Sie sie im Zweifelsfall ab.
- **Schlamper:** Die Kleidung, die Sie bislang nur getragen haben, wenn alles andere schmutzig war, kann jetzt endgültig fort!
- **Sammler:** Kleidung, die Sie länger als ein Jahr nicht anhatten, kann in der Regel aussortiert werden.
- **Boheme:** Wenn Sie Ihr Schlafzimmer mit einem Partner teilen, entscheiden Sie gemeinsam, welche Bilder oder Accessoires stören. Lieber eine weiße Wand als ein Bild, das unangenehme Gefühle hervorruft!

Checkliste Kapitel 9

Schlafzimmer und Badezimmer

- ○ Im Kleiderschrank ist wieder Platz.
- ○ Unter dem Bett ist Ordnung.
- ○ Ich habe über jeden Gegenstand im Raum entschieden.
- ○ Ich habe Bilder und anderen Wandschmuck nicht vergessen.
- ○ Ich habe nichts übersehen, weil es zu groß oder zu klein ist.
- ○ Alle Knöpfe sind angenäht.
- ○ Es steht nichts mehr auf dem Boden (außer Möbeln).
- ○ Die Tür lässt sich ganz öffnen.
- ○ Alles hat seinen Platz.
- ○ Ich kann im Kleiderschrank alles leicht erreichen.
- ○ Eine Fläche ist geschaffen, die immer völlig frei bleibt.
- ○ Die Kiste **Müll** (Wegwerfen & Recyceln) ist entsorgt.
- ○ Die Kiste **Neuer Ort** (Ich finde einen neuen Platz.) ist leer.
- ○ Die Kiste **? Unklar ?** (Ich werde es bald wissen!) ist durchgesehen, was unklar bleibt, ist im »Zwischenlager«.
- ○ Die Kiste **Verwerten** (Verschenken & Verkaufen) ist ins »Zwischenlager« gebracht.
- ○ Die Kiste **Reparieren** (Reinigen & Zurückgeben) steht entsorgungsbereit im Flur.
- ○ Ich habe alle roten To-do-Zettel erledigt oder in die To-do-Liste übertragen.
- ○ Ich habe mir meine Belohnung ausgesucht.
- ○ Ich habe gut geschlafen.

Kapitel 10

Setzt Euch, Freunde!

Jetzt wagen Sie's. Auf geht's an den zentralen Ort, Ihr Wohnzimmer!

Eine Wohnung, in der man keine Gäste empfängt, ist ein trauriger Ort. In diesem Kapitel beschäftigen Sie sich mit dem Wohnzimmer, das ein zentraler Raum der Begegnung sein kann, wenn es durch seine Gestaltung dazu einlädt. Wir fragen außerdem: Brauchen Sie eigentlich all Ihre Bücher, und was machen denn die alten Zeitungen da? Das Esszimmer soll sich ganz auf seine Aufgabe konzentrieren und wird in einem Rutsch mitverarztet.

Wohnzimmer

Das Wohnzimmer ist der Raum, mit dem Sie sich Besuchern gegenüber darstellen, je nach Lebenssituation als Einzelperson, als Familie, als Paar oder Wohngemeinschaft. Deshalb werden Sie die Wirkung auf andere vielleicht mehr als bei der Einrichtung des Schlafzimmers mitbedenken. Es ist wie bei einem Kleidungsstück: Das Wichtigste ist, dass Sie sich darin wohl fühlen, nur dann ist Ihre Außendarstellung ehrlich und überzeugend. Und nur dann kann sich der Raum mit Geselligkeit und Freude füllen, nur dann können Sie dort allein zufrieden Ihre freie Zeit genießen. Früher waren Wohnzimmer oft reine »Paradezimmer«, heute kommt diese Art von Raumverschwendung nur selten vor. Dennoch finden viele Leute Zusammenkünfte an Küchentischen gemütlicher, und das Wohnzimmer verkommt zum reinen Fernsehraum. Schade. Mit der Wohnungsdiät können Sie das Wohnzimmer als Ort der Begegnung wieder attraktiv machen. Sicher sind intensive Gespräche am Küchentisch eine schöne Sache, aber Ihr Wohnzimmer kann die entspannte Atmosphäre eines guten alten »Salons« ausstrahlen. Nicht auf harten Küchenstühlen, sondern im bequemen Möbel denkt und plaudert es sich prima. Für sich selber können Sie einen Raum schaffen, dessen Funktion Inspiration und Entspannung ist. Beim Lesen, Musikhören, Ruhen, Meditieren – und natürlich beim Fernsehen.

Esszimmer

Mit einem Esszimmer verfügen Sie über einen Funktionsraum erster Güte. Einen Raum, in dem Sie sich auf das Essen und die Menschen konzentrieren können, mit denen Sie zusammen eine Mahlzeit zu sich nehmen. Im Zentrum steht der Esstisch. Auf diesen Tisch gehört das Essen, vielleicht etwas Tischschmuck und sonst nichts. Im Idealfall beherbergt er keine anderen Möbelstücke als Tisch und Stühle. Der Esstisch eignet sich zugleich auch als Mittelpunkt Ihrer Wohnung. Mittelpunkt der Wohnung kann der Ort sein, an dem man sich zu den Mahlzeiten trifft, oder das Wohnzimmer als zentraler Ort der Kommunikation, als Nachfolger des frühgeschichtlichen Lagerfeuers. Es ist der Platz, zu dem sich der Besucher ungefragt hingezogen

Das Wichtigste ist, dass Sie sich darin wohl fühlen

fühlt, wo er sich niedersetzt und sich bewirten lässt. Dies kann in der Küche oder im Wohnzimmer sein, ein schöner Esstisch sollte als »Zentrale« der Wohnung zumindest in Erwägung gezogen werden.

Bücher

Sich von Büchern zu trennen, fällt den meisten Menschen schwer. Büchern haftet etwas Heiliges an, man meint, sie anders behandeln zu müssen als schnöde Gebrauchsgegenstände. Zu groß ist die Ehrfurcht vor dem Wissen und der Literatur, der Leistung der Autoren, zu stark die Liebe zu den Erlebnissen, die Literatur uns schenkt, als dass man Bücher wie ausgelesene Zeitungen einfach zum Altpapier geben würde. Jedoch: In Deutschland erscheinen jährlich 90.000 neue Bücher. Bücher sind Gebrauchsgegenstände geworden, industrielle Massenprodukte. Bücher, die Sie nicht mehr haben wollen, sind Altpapier, genau wie ausgelesene Zeitungen. Überprüfen Sie also Ihren Bücherschrank. Behalten Sie nur die Bücher, die Sie besonders gern haben, die Sie anderen ausleihen möchten, die eine besondere Bedeutung für Ihr Leben haben, Bücher, die Sie noch einmal lesen wollen, und solche, die Sie in allernächster Zeit lesen werden. Bücher, von denen Sie seit Jahren denken, Sie sollten sie eigentlich lesen, machen Ihnen nur ein schlechtes Gewissen und sind daher Krempel. Aussortierte Bücher können Sie verschenken, stiften, einem Antiquariat verkaufen oder zum Altpapier geben.

Es wird Sie vielleicht wundern, aber die Anordnung der Bücher im Bücherregal ist kein Bestandteil der Wohnungsdiät. Ob Sie Ihre Bücher nach Größe, Farbe, Themen oder dem Alphabet ordnen, ist schlicht und einfach egal.

Zeitungen

Fühlen Sie sich von einem Zeitungsabonnement unter Druck gesetzt, weil Sie mit dem Lesen überhaupt nicht nachkommen, bestellen Sie es sofort ab. Möchten Sie auf ein Abo nicht verzichten, werfen Sie mit Erhalt der neuesten Ausgabe die alte sofort weg, selbst wenn sie ungelesen ist. Sie werden die ungelesenen Informationen nicht vermissen. Denken Sie darüber nach, wie Sie die heute herrschende Informationsflut für sich übersichtlicher gestalten können. Vielleicht reichen Ihnen fünf Minuten Radionachrichten am Tag und eine Wochenzeitung Ihres Vertrauens. Stellen Sie sich einen Stapel Zeitschriften von 30 Zentimetern Höhe vor. Um einen Zentimeter davon zu lesen, benötigen Sie vier Stunden.

Tipps

- Anstatt eines Abos ist es besser, die Zeitungen am Kiosk zu kaufen, wenn Sie ein Thema interessiert.
- Tauschen Sie mit Freunden Bücher und Zeitschriften aus, teilen Sie sich Bücher, die Sie nicht besitzen wollen.
- Der Esszimmerboden sollte pflegeleicht sein, damit Kleckern und Krümeln kein Problem sind.
- Suchen Sie kreative Lösungen, um den Fernseher aus dem Mittelpunkt (Lagerfeuerfunktion) des Wohnzimmers zu rücken.
- **Purist:** Von hochwertigen Zeitungen können ein paar »Leseexemplare« für Gäste ausliegen. Aber bitte keine ganzen Jahrgänge.
- **Boheme:** Wenn Sie Ihre Schätze im Wohnzimmer zeigen wollen, können Sie ein kleines Regal für die Wechselausstellung Ihrer Schätze bestimmen.
- **Sammler:** Wenn Sie vermeiden wollen, dass sich vor den Büchern im Regal Nippes ansammelt, stellen Sie die Bücher so ins Regal, dass sie mit der Vorderkante des Regals abschließen.
- **Schlamper:** Unansehnlichen Sofas können Sie mit farbigen Textilien ein neues Gesicht geben.

Checkliste Kapitel 10

Wohnzimmer und Esszimmer

- ○ Kein Buch im Raum macht mir ein schlechtes Gewissen, weil ich es lesen sollte.
- ○ Der Wohnzimmerschank enthält erheblich weniger Gegenstände.
- ○ Im Wohnzimmerschrank hat alles seinen Platz.
- ○ Ich habe über jedes Buch im Raum entschieden.
- ○ Auf dem Fensterbrett stehen nur sorgsam ausgewählte Dinge.
- ○ Es stapeln sich keine ungelesenen Zeitschriften im Raum.
- ○ Es liegen nicht mehr als fünf Gegenstände auf dem Wohnzimmertisch.
- ○ Es steht – bis auf eine Blumenvase oder Ähnliches – nichts mehr auf dem Esstisch.
- ○ Ich freue mich auf den ersten Abend in meinem neuen Wohnzimmer.
- ○ Alle Stühle im Esszimmer sind intakt.
- ○ Die Kiste **Müll** (Wegwerfen & Recyceln) ist entsorgt.
- ○ Die Kiste **Neuer Ort** (Ich finde einen neuen Platz.) ist leer.
- ○ Die Kiste **? Unklar ?** (Ich werde es bald wissen!) ist durchgesehen, was unklar bleibt, ist im »Zwischenlager«.
- ○ Die Kiste **Verwerten** (Verschenken & Verkaufen) ist ins »Zwischenlager« gebracht.
- ○ Die Kiste **Reparieren** (Reinigen & Zurückgeben) steht entsorgungsbereit im Flur.

- ○ Ich habe alle roten To-do-Zettel erledigt oder in die To-do-Liste übertragen.
- ○ Es liegt nichts auf dem Wohnzimmerschrank.
- ○ Ich habe meine Belohnung ausgesucht.
- ○
- ○
- ○
- ○
- ○
- ○
- ○
- ○
- ○
- ○
- ○
- ○
- ○
- ○
- ○
- ○

Kapitel 11

Weiter geht's ...

Das kommt jetzt: Ihr Kinderzimmer, Ihr Gästezimmer, Ihr Abstellraum, Ihr Hobbyraum!

Grämen Sie sich nicht, wenn Ihr Kinderzimmer keine Diät machen will. Ob Sie Ihre lieben Kleinen von der Wohnungsdiät überzeugen können, wissen Sie nach diesem Kapitel. Machen Sie es schön für Ihre Gäste oder sich. Verwandeln Sie die Krempelhölle Abstellkammer in ein Bügelparadies. Geben Sie Ihrem Hobbyraum ein neues Gesicht.

Kinderzimmer

Wenn ein Kind die Wohnungsdiät total doof findet, sollten Sie es damit in Ruhe lassen. Vielleicht lässt es sich von Ihnen anstecken und findet selbst, dass es für manches Spielzeug zu alt geworden ist oder ihm viele Dinge im Zimmer gar nicht mehr gefallen. Diese Entscheidung muss das Kind treffen. Ein Gegenstand, den Sie unansehnlich finden, oder ein Ding, das nicht mehr richtig funktioniert, kann in der Wahrnehmungswelt von Kindern einen großen Wert darstellen. Überlegen Sie gemeinsam, welchem jüngeren Kind im Bekanntenkreis Sie Geschenke machen können. Erlauben Sie Ihrem Kind, einen kleinen Flohmarkt zu machen. Die Aussicht auf ein Extra-Taschengeld ist eine gute Motivation, sich mit allen Dingen im Raum zu beschäftigen. Das Kinderzimmer ist von Natur aus Wohnungsdiät-feindlich, weil die Kinder hier schlafen, spielen und arbeiten. Außerdem hängen Kinder gerne bunte Poster auf oder sammeln Aufkleber und vertreten bisweilen ungewöhnliche Theorien, was »aufgeräumt« bedeutet. Wenn Sie im Kinderzimmer eine ruhigere Atmosphäre schaffen wollen, empfehlen wir Ihnen einen Trick, der eigentlich allen Prinzipien der Wohnungsdiät widerspricht. Schaffen Sie Stauraum, der verschlossen werden kann, so dass Spielestapel und Legosteine einfach unsichtbar werden. Wichtig ist vor allem, dass das Kind seinem Alter gemäß Verantwortung für sein Zimmer übernimmt und Sie nicht immer hinterher räumen (siehe Kapitel 6).

Gästezimmer

Ein Gästezimmer zu besitzen, ist ein angenehmer Luxus. Da es nicht ständig benutzt wird, ist es prädestiniert dafür, als Krempelkammer zu enden. Das ist nicht schön für Ihre Gäste und für Sie auch nicht, weil der Krempel gleichsam durch die geschlossene Tür strahlt und ein schlechtes Gewissen verursacht. Entscheiden Sie sich: Soll der Raum ein reines Gästezimmer sein? Dann richten Sie ihn auch so her, nach den bekannten Prinzipien der Wohnungsdiät. Schaffen Sie besonders viel Platz, denn der Gast bringt vielleicht Gepäck mit. Gönnen Sie Ihren Gästen eine freie offene Fläche, die sie einlädt, den Raum zu betreten und sich wohl zu fühlen. Sie können dem Raum genauso eine andere Funktion zuweisen: Leseraum, Meditationszimmer, Musikzimmer, Fitnessfahrradzimmer, was immer Ihnen behagt. Ein Raum kann mehrere Funktionen haben, aber sie sollten sich nicht gegenseitig stören. Für die meisten Leute dürfte zum Beispiel Fernsehraum und Meditationsraum unvereinbar sein. Gäste kann das Zimmer immer noch beherbergen. Wichtig ist: Die Funktionen des Raums sind klar benennbar.

Abstellraum

Der Abstellraum ist ein stark gefährdeter Kandidat, der Name sagt es. Weisen Sie ihm ein Thema zu, eine Funktion: Er ist zum Beispiel ideal als »Hauswirtschaftsraum«, in dem Sie Bügelbrett, Bügeleisen, Wäschekörbe verstauen können. Vielleicht fällt Ihnen auch etwas anderes und Besseres ein.

Hobbyraum

Wenn Sie einen Raum zum Hobbyraum bestimmt haben, sollten Sie sich zunächst die Frage stellen, ob Sie diesen Raum für Ihr aktuelles Hobby nutzen oder ob sich Ihre Interessen geändert haben. Wenn ja, ist alles klar, es gelten die bereits bekannten Regeln der Wohnungsdiät: Sortieren Sie alle Dinge im Raum, halten Sie die Arbeitsfläche frei, entsorgen Sie, was nicht mehr zu gebrauchen ist. Der Raum sollte so gestaltet sein, dass Sie Ihrem Hobby nachgehen können, ohne groß um- oder aufräumen zu müssen. Und wenn Sie Ihr Hobby nicht mehr betreiben? Vielleicht nutzen Sie den Raum eigentlich als Rückzugsraum, Raucherzimmer oder gar nicht. Dann ordnen Sie dem Raum eine neue Funktion zu. Zigarrenzimmer ist schließlich auch eine Funktion.

Tipps

- Lassen Sie Kinder an Ihren eigenen Wohnungsdiät-Aktivitäten teilhaben und erklären Sie dabei, was Ihnen daran gefällt.
- Lassen Sie keine Dinge im Gästezimmer liegen, die nicht für fremde Augen bestimmt sind.
- Sportgeräte, die Sie nie wieder benutzen werden, haben in Ihrem Haus nichts zu suchen.
- Gerade Nebenräume, die Sie nicht oft nutzen, ziehen Krempel magisch an. Seien Sie hier besonders kritisch!
- Gute Beleuchtung schafft in kleinen Nebenräumen einen besseren Überblick.

Checkliste Kapitel 11

Kinderzimmer, Gästezimmer, Abstellräume und Hobbyraum

- ○ Ich finde alles leicht und schnell.
- ○ Das Gästezimmer hat einen Namen, der es definiert.
- ○ Der Hobbyraum hat eine definierte Funktion.
- ○ Die Abstellkammer hat einen Namen, der sie definiert.
- ○ In der Abstellkammer hat alles seinen festen Platz.
- ○ Es gibt keine unklaren Ecken oder Krempelnester mehr.
- ○ Die Durchgänge sind frei.
- ○ Alle Türen lassen sich ganz öffnen.
- ○ Ich kann jedes Ding ohne viel zu räumen erreichen.
- ○ Die Kiste **Müll** (Wegwerfen & Recyceln) ist entsorgt.
- ○ Die Kiste **Neuer Ort** (Ich finde einen neuen Platz.) ist leer.
- ○ Die Kiste **? Unklar ?** (Ich werde es bald wissen!) ist durchgesehen, was unklar bleibt, ist im »Zwischenlager«.
- ○ Die Kiste **Verwerten** (Verschenken & Verkaufen) ist ins »Zwischenlager« gebracht.
- ○ Die Kiste **Reparieren** (Reinigen & Zurückgeben) steht entsorgungsbereit im Flur.
- ○ Ich habe alle roten To-do-Zettel erledigt oder in die To-do-Liste übertragen.
- ○ Ich habe mir meine Belohnung ausgesucht.
- ○ Ggf.: Mein Kind hat sich eine Belohnung ausgesucht.
- ○
- ○

Kapitel 12

Eigener Herd …

Keine Angst vor der Wohnungsdiät in der Küche: Es werden mehr als ein Holzbrett und ein Klappmesser übrig bleiben!

In diesem Kapitel wird die Küche nachhaltig auf Vordermann gebracht. Vom Eierlöffel bis zur Tütensuppe, vom Mixer bis zum Puderzucker: ein ganzes Stück Arbeit, das sich auszahlt. Die Küchenarbeit wird leichter, indem Sie Arbeitsabläufe besser organisieren und durch eine Reduzierung der Gegenstände und Produkte auf ein vernünftiges Maß bringen. Die Küche als Ort der Begegnung (Ceranfeld statt Lagerfeuer?) wird angenehm gestaltet.

Sinnlicher Arbeitsplatz

Kochen, essen, reden, backen, naschen, schnell etwas zaubern – die Küche ist ein Ort, der die Sinne anspricht. Hier duftet es, hier dürfen die Kinder die Teigschüssel auslecken, da schleicht sich des Nachts eine Naschkatze an den Kühlschrank, hier sind die kalte Limonade, der heiße Tee, das duftende Brot, das erfrischende Obst, die exotischen Gewürze. Die Küche ist gleichzeitig ein Arbeitsplatz. Die Kehrseite der Sinnenfreuden: Es fallen viele Abfälle an, es gibt schmutziges Geschirr, verschiedenste leere Verpackungen wollen geordnet und entsorgt werden. Die Küche ist der Ort mit dem höchsten Umsatz an Waren.

> Essen und Trinken sind
> die drei schönsten Dinge des Lebens.
>
> **Willy Millowitsch (1909–1999), deutscher Volksschauspieler und Theaterleiter**

1000 Dinge

Außerdem beherbergt die Küche viele nützliche Dinge, von der Knoblauchpresse über den Eierbecher bis zum Wok. Viele dieser

Sachen erleichtern Ihnen die Küchenarbeit oder erweitern Ihre Möglichkeiten, abwechslungsreich zu kochen. In jeder Küche finden sich aber auch Geräte, die sich als ziemliche Versager in ihren Disziplinen entpuppt haben. Billige Geflügelscheren vielleicht, oder Entsafter, deren Reinigung einen halben Tag in Anspruch nimmt. Kann es ein, dass Sie Geräte haben, die gut sind, die Sie aber nie benutzen? Eben Dinge, auf die die Krempeldefinition zutrifft?

Beginnen Sie mit diesen Sachen, das schafft Platz. Oft finden sich in Küchen Sachen, von denen schlicht zu viele da sind. Hier bezieht sich der Begriff Krempel nicht auf einzelne Gegenstände, sondern auf die Menge. Wie viele Teller gehen bei Ihnen im Jahr zu Bruch? Brauchen Sie einen so großen Stapel davon? Wie viele Leute essen im Höchstfall bei Ihnen? In einem Großteil der Küchen lässt sich das Geschirraufkommen reduzieren. In die Kiste **Reparieren** gehören auch stumpfe Messer: Lassen Sie sie schärfen.

Schlechte Zeiten?

Überprüfen Sie Ihre Vorräte. Bei manchen bestehen sie aus vertrockneten Keksen und einer angebrochenen Packung Nudeln, andere sind darauf vorbereitet, für Wochen von der Außenwelt abgeschnitten zu sein. Vergessen Sie keinen Platz, an dem Sie Vorräte lagern: Tiefkühltruhe, Kühlschrank, Schrank und Hängekörbe. Werfen Sie alles, was Ihnen alt erscheint, weg, überprüfen Sie alle Haltbarkeitsdaten. Haben Sie eine Vorratskammer? Vorratskammern sind ein typischer »Krempelmagnet«. Ordnen Sie Ihre Vorratskammer so, dass Sie ihren Inhalt auf einen Blick erfassen können.

Umräumen mit System

Wenn Sie in Ihrer Küche Platz geschaffen haben (um die 30 Prozent mehr Platz sind nach dem Entkrempeln von Küchen keine Seltenheit), können Sie sich zu einem späteren Zeitpunkt darum kümmern, die verbliebenen Gegenstände praktischer anzuordnen. Die Hierarchie der Dinge in Ihren Schränken sollte sich danach richten, was Sie am häufigsten benutzen. Die häufig genutzten Gegenstände kommen nach vorne, die seltener genutzten Dinge weiter hinten in den Schrank. Besorgen Sie sich im Möbelgeschäft Auszüge für Küchenschränke, die Sie nachträglich einbauen können. So kommen Sie besser an die Dinge, die hinten im Schrank liegen. Nutzen Sie das Angebot verschiedener Sortier- und Ordnungssysteme für die Küche, mit denen Sie Schubladen und Schränke unterteilen können. Solche Anschaffungen sind gut, um die Übersicht zu behalten. Ordnen Sie die Gegenstände logisch: Zum Beispiel kommen alle Gewürze, alle Heißgetränke und alle Backutensilien an den gleichen Ort. Organisieren Sie Arbeitsabläufe: Das Geschirr sollte in der Nähe der Spülmaschine oder Spüle verwahrt werden, so dass Sie es schnell und bequem wegräumen können. Achten Sie in der Küche besonders darauf, dass der Boden frei ist, so dass er sich ohne große Mühe putzen lässt. Sie sollten zum Putzen höchstens die Stühle auf den Tisch stellen müssen. Selbstverständlich müssen die Arbeitsfläche und der Tisch völlig frei sein.

Kochen wie die Profis

Gerade in der Küche, wo Arbeitsabläufe ein großes Thema sind, wird sich die Wohnungsdiät unmittelbar auf Ihren Zeitaufwand und auf Ihre Nerven auswirken. Wenn Sie mit einem Griff alles finden, wenn der Zugang zu den meisten Dingen im Schrank frei und unverstellt ist und die frisch geschärften Messer den Kohlkopf wie warme Butter schneiden, können Sie sich fühlen wie ein Profi. Zur Aufbewahrung Ihrer Rezepte empfehlen wir eine Kladde, in die Sie eigene Rezepte schreiben oder ausgeschnittene einkleben können.

Tipps

- Überlegen Sie vor Ihrem nächsten Einkauf, wie viele Vorräte sinnvoll sind.
- Fassen Sie thematische Einheiten in Kisten zusammen. Beispiel: Gewürzkiste.

- Wenn Sie Anregungen brauchen, fragen Sie in Ihrem Lieblingsrestaurant, ob Sie sich Küche und Vorratsräume ansehen dürfen.
- Verbrauchen Sie Ihre Vorräte, bis ein vernünftiges Maß übrig ist.
- Nehmen Sie die Kiste **Recyceln** und laden Sie Freunde ein, die vielleicht etwas von Ihren aussortierten Küchenutensilien gebrauchen können.
- **Purist:** Gibt es Dinge in Ihrer Küche, die Sie über ein Jahr nicht benutzt haben? Weg damit.
- **Boheme:** Definieren Sie Ihr Lieblingsgeschirr und benutzen Sie es fortan nur noch.
- **Schlamper:** Bedenken Sie: Je weniger Geschirr Sie besitzen, desto kleiner bleibt ihr maximaler Spülberg.
- **Sammler:** Vergessen Sie die Tiefkühltruhe nicht. Hier können Sie wahrscheinlich einiges »wegessen«, bevor Sie neue Vorräte anlegen. Wenn Sie erst darüber nachdenken müssen, ob ein Lebensmittel noch gut ist, dann ist es schlecht.

Checkliste Kapitel 12

Küche

- ○ Es befinden sich keine abgelaufenen oder unansehnlichen Lebensmittel mehr im Raum. Das verbliebene Geschirr ist unversehrt und gefällt mir. Es liegt nichts mehr auf den Schränken. Tisch und Arbeitsfläche sind frei. Der Boden lässt sich einfach wischen.
- ○ Ich habe über jeden Gegenstand im Raum entschieden und dabei bedacht, dass auch die Anzahl etwas zu Krempel machen kann.
- ○ Ich habe nichts übersehen, weil es zu groß oder zu klein ist.
- ○ Es gibt keine unklaren Ecken oder Krempelnester mehr.
- ○ Es steht nichts mehr auf dem Boden (außer Möbeln).
- ○ Die Durchgänge sind frei.
- ○ Die Türen lassen sich ganz öffnen.
- ○ Alles hat seinen Platz und ist logisch sortiert.
- ○ Die Kiste **Müll** (Wegwerfen & Recyceln) ist entsorgt.
- ○ Die Kiste **Neuer Ort** (Ich finde einen neuen Platz.) ist leer.
- ○ Die Kiste **? Unklar ?** (Ich werde es bald wissen!) ist durchgesehen, was unklar bleibt, ist im »Zwischenlager«.
- ○ Die Kiste **Verwerten** (Verschenken & Verkaufen) ist ins »Zwischenlager« gebracht.
- ○ Die Kiste **Reparieren** (Reinigen & Zurückgeben) steht entsorgungsbereit im Flur.
- ○ Ich habe alle roten To-do-Zettel erledigt oder in die To-do-tiste übertragen.
- ○ Ich habe mir meine Belohnung ausgesucht.
- ○ Ich kann jedes Ding ohne viel zu räumen oder mich zu verrenken erreichen.
- ○ Ich habe Lust zu kochen und Freunde zum Essen einzuladen.

Kapitel 13

Kein Zimmer in dem Sinne

Die Wohnungsdiät macht vor Kellern, Dachböden, Garagen, Balkonen und Terrassen – so gründlich ist sie eben – nicht halt!

In diesem Kapitel widmen Sie sich Räumen, die man gern aus dem Gedächtnis verbannt. Gerade deshalb sind diese Räume wahre Krempelmagneten. Sie erfahren, wie Sie Ihren Keller aufräumen und was die Auswirkungen von Gerümpel auf dem Dachboden sind. Auch werden Sie einen Blick in die Garage und ins Auto werfen, um schließlich die Wohnungsdiät auf Balkon und Terrasse auszudehnen.

Keller

Der Keller steht symbolisch für Vergangenheit und Unbewusstes, Unterbewusstes. Und damit für Ihre Familiengeschichte. Wir neigen dazu, Dinge, die wir eigentlich gar nicht mehr brauchen, dort zu lagern, aus Faulheit, Unentschlossenheit oder vielleicht, weil der nächste Sperrmülltermin fern ist. Hier lagern Dinge, die wir schon lange als unangenehmen Krempel erkannt und deshalb aus unserem direkten Umfeld verbannt haben. Der Keller ist der »Aus den Augen – aus dem Sinn«-Ort. Haben Sie »Leichen« im Keller? Fahrradleichen, den in Frieden verschiedenen Fernseher, defekte Möbel? Vielleicht Erinnerungsstücke, die Sie nicht mögen und hierher abgeschoben haben? Ein guter Keller ist nicht das Endlager für unseren realen und seelischen Schrott. Er soll Dinge beherbergen, die wir selten brauchen, die nicht im Weg stehen sollen. Eine Faustregel besagt: Was wir nicht mindestens einmal im Jahr benutzen, brauchen wir gar nicht. Häufig erkennt man diese Gegenstände daran, dass man sie ohnehin nur mit viel Räumaufwand und unter Verrenkungen erreichen kann. Sie haben jetzt einige Übung im Wegwerfen. Der Keller kann ein körperlich anstrengender Teil der Wohnungsdiät sein, aber die Entscheidungsfindung wird Ihnen leicht von der Hand gehen. Am Ende müssen alle Gegenstände leicht zugänglich sein. Wenn Sie einem Fremden beschreiben können, wie er im Keller einen bestimmten Gegenstand schnell findet, sind Sie ein echter Wohnungsdiät-Meister.

Dachboden

Der Dachboden steht symbolisch für Weitblick, Ausblick, Überblick, Freiheit und Wachstum. Also sorgen Sie dafür, dass über Ihrem Kopf Platz ist. Sind Sie als Kind auf Bäume geklettert oder haben Sie gar Baumhäuser gebaut? Es ist ein aufregendes und erhebendes Gefühl, diese neuen Ausblicke zu genießen. Nutzen Sie dazu Ihren Dachboden. Der Dachboden gilt als idealer Ort für kreatives Arbeiten. Man kann dort auch hervorragend Wäsche aufhängen oder eine Tischtennisplatte aufstellen. Kurz: Machen Sie, was Sie wollen, aber stapeln Sie kein Gerümpel über Ihrem Kopf.

Garage/Auto

Da Sie mit Ihrer Wohnungsdiät recht weit fortgeschritten sind, haben Sie bestimmt zwischendurch Ihr Auto aufgeräumt. Wenn nicht, tun Sie es jetzt. Denn in diesem mobilen Raum verbringen Sie schließlich Lebenszeit.
Es gibt wenige Dinge, die neben Ihrem Auto in eine Garage gehören. Reifen, eventuell Fahrräder. In der Garage bietet es sich an, Dinge an die Wand zu hängen. Reduzieren Sie nach den Prinzipien der Wohnungsdiät die Dinge in der Garage auf ein absolutes Minimum. Die Türen des Fahrzeugs sollten sich in der Garage so weit wie möglich öffnen lassen. Das Einfahren in die Garage soll einfach und keine Millimeterarbeit sein.

Balkon und Terrasse

Auf den Balkon gehört absolut nichts, abgesehen von den notwendigen Möbeln. Blumen in Töpfen auf dem Boden empfehlen sich allenfalls bei sehr, sehr großen Balkonen, ansonsten gehören sie in die Blumenkästen am Geländer oder an die Wand. Gerade im Winter verführt der Balkon dazu, ihn als Freiluftabstellkammer zu benutzen. Tun Sie es einfach nicht. Auch die Terrasse ist ein Ort der Entspannung. Sie sollte die Ruhe, die Sie dort suchen, auch ausstrahlen.

Überblick behalten

In Nebenräumen ist es oft schwierig, den Überblick über die Sachen zu behalten, die man dort eingelagert hat. Inventarlisten helfen, hier den Überblick zu behalten. Schreiben Sie eine Liste mit den Dingen, die Sie in den Nebenräumen aufbewahren. In dieser Liste können Sie vermerken, wann Sie die Dinge das letzte Mal benutzt haben. Wenn Sie in Zukunft merken, dass die so gut verstaute Campingausrüstung seit mehreren Jahren nicht mehr benutzt wurde, wissen Sie: Hier haben Sie Krempel auf Ihrer Inventarliste.

Tipps

- In vielen Gegenden gibt es die Möglichkeit, gratis Sperrmüll auf die Kippe zu fahren. Man muss so nicht auf den nächsten Abholtermin warten.
- Für Fahrräder gibt es Wandhaken zum Aufhängen.
- Wenn Ihr Keller ein besonders schwieriger Fall ist, sollten Sie sich überlegen, einen professionellen Entrümpeler zu bestellen, oder laden Sie Ihre Freunde zu einer »Kellerparty« ein. Jeder kann sich mitnehmen, was er braucht. Den Rest tragen Sie gemeinsam auf die Straße zum Sperrmüll.

Checkliste Kapitel 13

Keller, Dachboden, Balkon und Terrasse

- ○ Ich kann im Keller jeden Gegenstand schnell und einfach finden.
- ○ Ich habe über jeden Gegenstand entschieden.
- ○ Ich habe nichts übersehen, weil es zu groß oder zu klein ist.
- ○ Es gibt keine unklaren Ecken oder Krempelnester mehr.
- ○ Die Durchgänge sind frei.
- ○ Alles hat seinen Platz.
- ○ Ich kann jedes Ding ohne viel zu räumen erreichen.
- ○ Die Kiste **Müll** (Wegwerfen & Recyceln) ist entsorgt.
- ○ Die Kiste **Neuer Ort** (Ich finde einen neuen Platz.) ist leer.
- ○ Die Kiste **? Unklar?** (Ich werde es bald wissen!) ist durchgesehen, was unklar bleibt, ist im »Zwischenlager«.
- ○ Die Kiste **Verwerten** (Verschenken & Verkaufen) ist ins »Zwischenlager« gebracht.
- ○ Die Kiste **Reparieren** (Reinigen & Zurückgeben) steht entsorgungsbereit im Flur.
- ○ Ich habe alle roten To-do-Zettel erledigt oder in die To-do-Liste übertragen.
- ○ Ich habe mir meine Belohnung ausgesucht.
- ○ Ich gehe gerne in den Keller
- ○
- ○
- ○
- ○

Checkliste Kapitel 13

Inventar

Ort	Gegenstand	Datum

Kapitel 14

Büro, Büro

Ihr Schreibtisch muss kein Stapelfeld sein, hier heißt es, Zeit und Nerven sparen!

Widmen wir uns dem Thema Papierkram. Auf einem ordentlichen Schreibtisch müssen die Bleistifte nicht preußisch parallel nebeneinander liegen. Wichtig ist wie immer: Alles hat seinen Platz. Lernen Sie in diesem Kapitel ein ebenso einfaches wie geniales Ablagesystem kennen.

Nervt Papierkram?

Was haben eine Rechnung, Informationen auf Fotokopien, Telefonnotizen auf der Rückseite eines Werbezettels und das persönliche Superangebot des Autovermieters gemeinsam? Nichts, aber wenn man sie stapelt, passt alles auf DIN A4. Viele Leute sind von Papieren genervt, kümmern sich deshalb nur ungern darum und legen sie erst mal beiseite. Dadurch potenziert sich der Aufwand. Dies ist bestimmt nicht der einfachste Teil der Wohnungsdiät, aber einer, der Sie am Ende sehr stolz machen wird. Nichts ist unübersichtlicher als ein Stapel Papier. Mit unserem System können Sie zügig die Stapel auflösen und ordnen. Mit wenigen einfachen Prinzipien lässt sich die geschaffene Ordnung auf Dauer aufrechterhalten. Machen Sie aus Ihrer »Such-Zeit« eine Kaffeepause.

Informationsflut

Wir werden heute mit Informationen regelrecht überschüttet. Radio, Fernsehen und Internet bieten mehr, als wir verarbeiten können. Eine große Menge an Information kommt nach wie vor in Papierform zu uns. Briefe, Zeitungen, Zeitschriften, Kataloge, Bücher, Notizen, Visitenkarten. Nicht nur Drucker und Kopierer kennen den Papierstau. Wir stapeln das ganze Zeug »erst mal«, weil wir daran glauben, uns später damit in Ruhe zu befassen. Ein schöner Glaube, der leider meist trügt. Und jeden Tag kommt etwas dazu. Wenn man es mit dem Sortieren versucht, liest man sich schnell fest und bleibt von allerlei Informationen abgelenkt auf der Strecke. Die Papierstapel wachsen und damit die Angst, einen Termin zu verpassen. Das schlechte Gewissen wächst mit jedem Stapel.

Stapel schnell auflösen

Gehen Sie systematisch an die Stapel heran und entscheiden Sie schnell. Das können Sie, weil es beim Sortiersystem der Wohnungsdiät nicht um die Inhalte der Papiere geht, sondern um die äußere Form. Und die ist einfach zu erkennen. Sortieren Sie flüssig, ohne sich an den einzelnen Inhalten der Papiere festzufressen. Nehmen Sie immer *ein* Stück Papier in die Hand und werfen es sofort und ohne Nachzudenken in eine der Kisten. Dabei helfen wieder unsere Sortierkisten. Stellen Sie Ihre sechs Sortierkisten auf den Boden, bringen Sie die Schilder an, die Sie in der Checkliste dieses Kapitels finden:

- **Altpapier** (Wegwerfen & Recyceln)
  Hier kommt alles rein, was nach Wegwerfen schreit: Werbepost, geöffnete Briefumschläge, Kassenbons für Obst und Gemüse, Urlaubskataloge von vor vier Jahren.
- **Kataloge** (Alles, was geheftet oder geleimt ist.)
  Alles aus Papier, was geheftet oder geleimt ist: Broschüren, Zeitungen und Bücher. Dadurch werden die Stapel schnell kleiner.
- **Offizielles** (Alles, was amtlich ist.)
  In diese Kiste kommt alles, was offiziellen Charakter hat: Rechnungen, Briefe von Ämtern, Bankunterlagen. Der Inhalt dieser Kiste wird im nächsten Schritt auf ein Ablagesystem verteilt.
- **Zettel** (Alles kleiner als DIN A4)
  Notizen, von denen man glaubt, sie seien wichtig: Adressen auf Bierdeckeln, Papierschnipseln und Visitenkarten.
- **Urkunden** (Zeugnisse, Kaufverträge)

Hier kommen alle wichtigen Dokumente hinein. Man erkennt sie daran, dass es wenige davon gibt: Zeugnisse, Teilnahmebescheinigungen und Kaufverträge. Ihre Telefonrechnung ist keine Urkunde, Ihr Mietvertrag schon.

- **Schätze** (Briefe, Zeichnungen und Notizen)
  Liebesbriefe, Fotos und Handgemaltes: Papiere, die später in den Ordner kommen, der in der Schatzkiste liegt.

Wenn Sie über das Schicksal eines jeden losen Blattes entschieden haben und die schwere Altpapierkiste zum Container geschleppt haben, geht es daran, den Papieren in Ihren Sortierkisten eine neue Heimat zu geben. Dazu benötigen Sie ein intelligentes Ablagesystem.

Das Ablagesystem

Am besten bewährt hat sich eine Kombination aus Ordnern, Standordnern, Hängeablagen und Karteikästen. In der Checkliste (siehe Seite 124) finden Sie eine systematische Ablagenübersicht. Eine systematische Übersicht hat den Vorteil, dass Sie der menschlichen Art und Weise zu denken nahe kommt. Ähnliches wird zu Gruppen geordnet. Diese Ablagenübersicht ist der Schlüssel zur Ordnung Ihrer Papiere. Falls Sie früher eigene Ordner angelegt haben und die innere Logik selbst nicht mehr ganz durchschauen, kann es hilfreich sein, Ihre Ablagen von Grund auf neu zu organisieren.

Streichen Sie in der Ablagenübersicht die Punkte, die auf Sie nicht zutreffen, ergänzen Sie sie um Punkte, die Sie vermissen. Sie können die Checkliste »Ablagenübersicht« kopieren (wenn nötig vergrößern) und daraus Etiketten für Ihre Aktenordner und Standordner ausschneiden. Auch Reiter für die Hängeregister können Sie so beschriften.

Was kommt wohin?

Die Papiere aus der Kiste **Kataloge** sind am besten in **Standordnern** untergebracht. So können die Kataloge und Broschüren aufrecht gelagert und Stapel vermieden werden. Auf **Hängeord-**

ner können Sie schneller zugreifen, deshalb kommen dort Papiere hinein, die Sie oft oder nur für kurze Zeit brauchen. In **Aktenordnern** werden Papiere untergebracht, die man für lange Zeit archivieren will.

In den **Karteikasten** kommen die losen Notizen zu bestimmten Themen. In einem alphabetischen Register können Sie zum Beispiel Ihre Adressen unterbringen. Das ist einfacher, als ein Adressbuch zu führen, das dauernd veraltet. Hier können Sie die Karten austauschen. Auf den Karten können Sie weitere Informationen zu den Adressen vermerken.

In einem Karteikasten kann eine Unterteilung nach Monaten hilfreich sein. So können Sie Informationen, die Sie zu bestimmten Monaten und Jahreszeiten brauchen (zum Beispiel Garteninfos), sinnvoll ablegen und leicht wiederfinden.

Es ist sicher sinnvoll, einen Ordner für Bank, Versicherungen und Steuern zu haben. Und einen Ordner für Betriebsanleitungen und Garantiebescheinigungen (Ordner »Geräte«), weil man solche Papiere lange aufbewahrt und selten braucht.

Hängeordner erleichtern Ihnen die Arbeit, da Sie nicht jeden eingehenden Brief abheften müssen. Bündeln Sie Ihre Arbeit: Zum Beispiel können Sie so alle Rechnungen fürs Handy übers Jahr sammeln und danach entweder wegwerfen oder im Ordner archivieren. Wichtig ist, dass Sie die Hängeordner mindestens einmal im Jahr durchforsten und Überflüssiges entsorgen.

In den Aktenordnern werden die Papiere auf Heftstreifen geheftet, nehmen Sie für jede Kategorie einen Heftstreifen. Dinge, die man nicht heften kann oder die dadurch kaputtgehen würden (zum Beispiel Postkarten), kommen in Klarsichthüllen.

Die Zettelwirtschaft (Bierdeckel, Visitenkarten und Notizen) in Zukunft durch eine schöne Notizkladde vermeiden! Legen Sie sich eine schöne Kladde auf Ihren Schreibtisch oder ans Telefon. Vermeiden Sie es fortan, Informationen auf Notizzettel zu schreiben (die Sie wieder verlieren). Ein altmodisches Notizbuch oder ein kleiner Kalender wirken Wunder, um diese kleinen Zettelchen mit Telefonnummern, zu denen kein Name gehört, zu vermeiden. Eine Kladde ist automatisch chronologisch geordnet, hier finden Sie alles wieder. Visitenkarten und Adressen sammeln Sie im Hängeordner »Adressen« und übertragen Sie regelmäßig in die Adresskartei.

Wie Sie vermeiden, dass sich neue Papierstapel bilden

Öffnen Sie alle Post sofort und werfen Sie alles, was Sie nicht benötigen, direkt weg. Briefe, die Sie nur über etwas benachrichtigen (zum Beispiel die Telefonrechnung, die abgebucht wird), ordnen Sie den entsprechenden Hängeordnern zu. Kein Papier, das auf welchem Wege auch immer in Ihre Wohnung kommt, darf heimatlos sein. Wenn Sie sich mit einem neuen Thema beschäftigen, legen Sie einen neuen Hängeordner an, achten Sie aber darauf, dass die Ordner sinnvoll sind. Nicht jede Idee braucht einen eigenen Ordner.

Keine Angst vor »Tretminen«

Was uns bei Papierkram so viel Angst macht, ist, dass wir immer glauben, im Wust der Papiere Wichtiges zu übersehen oder einen Termin zu verpassen. Gerade beim Umgang mit Behörden und Ämtern oder bei Rechnungen, die nicht automatisch abgebucht werden, kann das böse Folgen haben. Diese Angst lähmt viele Menschen, sich mit Papieren zu beschäftigen. Irgendwo in diesem Riesenstapel steckt wie eine Tretmine die Mahnung oder die Aufforderung zur fristgerechten Antwort. Dadurch wird der ganze Papierstapel zum Feind. Manche Menschen meiden sogar den ganzen Schreibtisch.

Es gibt nicht viele Briefe, die diese Tretminenfunktion haben. Und wenn man gelernt hat, mit ihnen umzugehen, verlieren sie ihren Schrecken. Es ist einfach: Ein Brief in Ihrer Post, der sofortiges Handeln erfordert, wird nirgendwo einsortiert. Er bleibt auf dem Tisch, bis das, was anliegt, erledigt ist. *Sofort* heißt »heute« – nicht morgen oder »sobald wie möglich«.

Bei den anderen Papieren entscheiden Sie, ob Sie diese Woche oder diesen Monat reagieren müssen. Setzen Sie sich einen festen Termin im Monat, an dem Sie diese Papiere konzentriert abar-

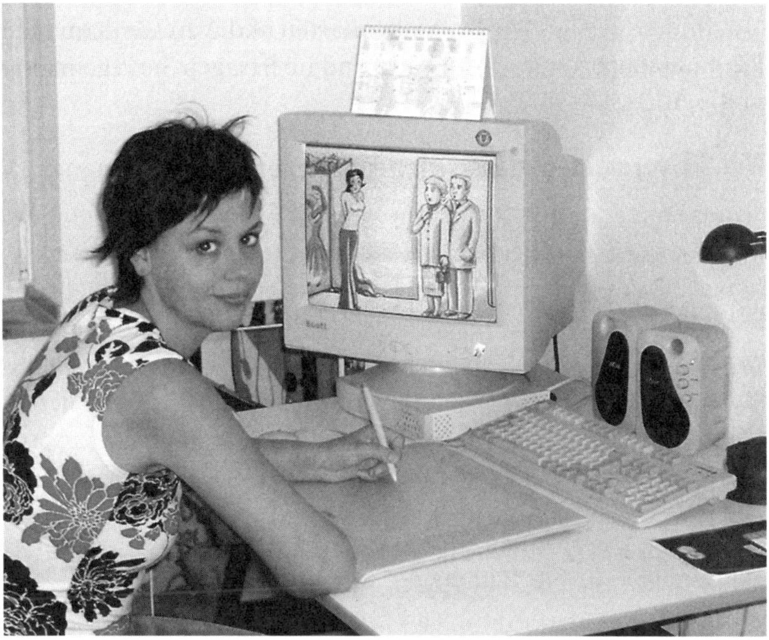

Sofort heißt »heute« – nicht morgen oder »sobald wie möglich«

beiten: zurückrufen, überweisen, Antworten schreiben. Nicht alles, auf dem dringend steht, muss sofort bearbeitet werden (oft ist es ein Zeichen dafür, dass es völlig unwichtig ist – denken Sie nur an die Werbung für Lotterien).

Sie müssen sich keine Gedanken mehr darum machen, ob Sie etwas Wichtiges versäumt haben, wenn Sie nur regelmäßig den Hängeordner »Handeln« abarbeiten.

Dokumente

Papiere machen uns deshalb Sorgen, weil einige von ihnen »unersetzlich« sind. Das glauben wir von Urkunden und Dokumenten und meinen damit, dass es viel Zeit und Geld kostet, solche Papiere zu ersetzen. Die in der Checkliste unter »Urkunden« aufgeführten Papiere gehören deshalb am besten an einen sicheren Ort. Eine abschließbare Kassette oder ein feuerfester kleiner Safe sind für unter 100 Euro zu bekommen. Neben der realen Sicherheit, die sie bieten, sorgen solche Orte dafür, dass wir uns gegenüber unseren Papieren entspannen. Bringen Sie dort auch Ihr Papiergeld unter. Dann wissen Sie: Alles, was wichtig ist, ist sicher. Wunderbar.

> Das beste Büro kann man auf den hinteren Sitzen eines Autos unterbringen.
>
> **Jean Paul Getty (1892-1976), US-amerikanischer Ölindustrieller und Milliardär**

Die Schätze

Briefe, verliebte Notizen und kleine Zeichnungen – Ihre Schatzkiste sollte einen Ordner enthalten, in dem Sie diese Schätze in Klarsichthüllen unterbringen.

Computer

Unterziehen Sie auch Ihren Computer einer Dateien-Diät. Löschen Sie alle Dateien, die Sie nicht mehr benötigen. Löschen Sie angefangene Projekte, die Sie nicht beenden werden. Entwickeln Sie ein übersichtliches und logisches System von Ordnern. Es hat sich bewährt, das Ablagesystem der realen Welt als Vorbild für die Ordner im Computer zu nehmen. Achten Sie darauf, nicht zu viele Ordner ineinander zu verschachteln und nur Ordner einzurichten, in die Sie etwas hineinlegen. Schaffen Sie sich ein System, das logisch aufgebaut ist und ähnliche Vorgänge zusammenbringt.

Nie wieder Schreibtischhorror

Am Ende haben Sie Ihren Papierkram im Griff, und er wird Ihnen nie mehr ernsthaft auf die Nerven fallen. Setzen Sie sich stolz an Ihren vorbildlichen Schreibtisch und genießen Sie das Gefühl: Alles ist sortiert und übersichtlich.

Tipps

- Halten Sie beim Aussortieren immer nur ein Papier in der Hand und entscheiden Sie sofort, wohin das Papier kommt.
- Die Ablagenübersicht können Sie als Kompass für einkommende Papiere verwenden.

- Sortieren Sie Ihre Hängeordner regelmäßig. Am besten einmal im Monat, wenn Sie die Aufgaben im Ordner »Handeln« abarbeiten, mindestens jedoch einmal im Jahr.
- Unsicherheit macht Angst und ein ungutes Gefühl. Öffnen Sie Briefe direkt, wenn sie ankommen, dann wissen Sie, was drinsteht. Ordnen Sie alle eingehenden Papiere sofort zu.
- **Schlamper:** Sie können diese Gelegenheit nutzen, fehlende Dokumente zu bestellen. Die Bundesversicherungsanstalt für Angestellte zum Beispiel schickt Ihnen bei fehlenden Bescheinigungen den gesamten Versicherungsverlauf seit Ihrem ersten Arbeitsverhältnis.
- **Purist:** Nirgendwo steht geschrieben, dass alle wichtigen Programme eines Computers auf dem Desktop liegen müssen. Verschieben Sie sie in einen Ordner und genießen Sie den ungestörten Anblick Ihres Bildschirmhintergrundes.
- **Sammler:** Gehen Sie Ihre Ordner durch. Sie brauchen weder den Kaufvertrag Ihres ersten Autos aufzubewahren noch die Quittung für eine Hose, die sie lange nicht mehr besitzen.
- **Boheme:** Suchen Sie sich schöne Ordner aus, damit Sie nicht den Eindruck bekommen, Ihr Haushalt würde zur Behörde.

Checkliste Kapitel 14

Ablagenübersicht

Finanzen

Bank

Konto 1
Konto 2
Kreditkarte
Geldanlage
Bausparen
Kredite
Geldplanung

Versicherungen

Kranken
Hausrat
Auto
Leben
Diverse

Rechnungen

Abonnement
Telefon
Handy
Strom & Gas
Auto
Geräte
Lieferungen
Diverse

Steuern

Belege aktuell
Belege Vorjahre

Zuhause

Handeln

Diese Woche
Dieser Monat

Checklisten

Im Notfall
Wohnungsdiät
Andere Listen

Haushalt

Haushalttipps
Kochrezepte
Garten
Dekoideen
Gutscheine

Dinge/Geräte

Auto
Computer
HiFi/Elektro
Garantien
Bedienungsanleitungen
Kataloge
Ausgeliehen
Inventarliste

Wohnung/Haus

Mietvertrag
Nebenkosten

Privat

Kontakte/Briefe

Partner
Freunde
Familie
Urlaubsgrüße
Adressliste
Geburtstage
Geschenkideen

Persönlich

Lebenslauf/Job
Arztunterlagen
Ideen & Träume
Wellness
Sport

Unterhaltung

Reisen
Restaurants
Buch-& Filmtipps
Witze und Skurriles
Hobby
Zeitungsartikel
Sammeln
Souvenirs

Urkunden

Zeugnisse
Familie

Entscheidungskiste

(Ich entscheide schnell und leicht!)

Altpapier

(Wegwerfen & Recyceln)

Kataloge

(Alles, was geheftet ist.)

Zettel

(Alles kleiner als DIN A4)

Urkunden

(Zeugnisse, Kaufverträge)

Dokumente

(Alles, was amtlich ist.)

Schätze

(Briefe, Zeichnungen & Notizen)

Kapitel 15

Sammlungen und Sammelsurien

Wenn wir nicht mehr jagen, wollen wir wenigstens sammeln, nicht wahr?

Lernen Sie den Unterschied zwischen Sammeln und Horten kennen. Überprüfen Sie Ihre Sammlungen im Sinne der Wohnungsdiät. Befassen Sie sich mit den Dingen, die Sie aus sentimentalen Gründen aufbewahren, den so genannten sentimentalen Sammlungen. Betrachten Sie Ihre Andenken und Erinnerungsstücke unter neuen Aspekten.

Haben Sie eine?

Würden Sie Ihre Videokassetten als Sammlung bezeichnen? Wenn Sie mit Leidenschaft und dem Willen zur Vollständigkeit Ihre Lieblingsfilme oder Lieblingsserien auf Kassetten zusammentragen, wird es sich um eine Videosammlung handeln. Nehmen Sie nur ab und an einen Film auf und haben ein paar Kaufkassetten, behandeln Sie die Kassetten wie Bücher (siehe Kapitel 10).

Sammeln aus Versehen

Sammeln kann ein schönes Hobby sein, das als Ausgleich zum Alltag dient. Die Beschäftigung mit einer Sammlung kann kontemplativ sein und Kenntnisse vermitteln. Nach allem, was Sie jetzt über die Definition von Krempel wissen, sollte es Ihnen leicht fallen, über Ihre Sammlungen im Sinne der Wohnungsdiät nachzudenken. Vielleicht gehören Sie zu den Leuten, die rein zufällig zu einer Sammlung gekommen sind. Sie hatten Salz- und Pfefferstreuer in Schweineform auf Ihrem Sideboard stehen, und liebe Menschen begannen damit, Ihnen bei jeder Gelegenheit neue Schweinchen zu schenken. So kommt man innerhalb kurzer Zeit ohne eigenes Zutun zu recht umfangreichen Sammlungen von zweifelhaftem Wert. Es lohnt sich zu erwägen, eine solche Sammlung komplett aufzugeben. Sammlungen, die nicht mehr fortgeführt werden, Sammlungen, die unsystematisch und chaotisch sind (Ansammlungen), Sammlungen, die Sie unter Druck setzen, weil Sie nie dazu kommen, sie zu ordnen, werden einem kritischen Krempelblick kaum standhalten.

Sammeln als Hobby

Eine richtige Sammlung ist spezialisiert und hat ein logisches System. Sie haben Freude daran, sich mit ihr zu befassen, und erweitern sie mit sorgsam ausgesuchten Stücken. Über die Sammlung haben Sie sich ein Spezialgebiet erschlossen, im Idealfall tauschen Sie sich regelmäßig mit anderen Sammlern aus. In den Augen anderer mag Ihre Sammlung sogar wie Krempel erscheinen (zum Beispiel Bierflaschen aus der DDR, Jugendstil-Aschenbecher oder Figuren aus Überraschungs-Eiern), solange sie Ihnen wertvoll ist, werden Sie sie hegen und pflegen.

> Für angenehme Erinnerungen
> muss man im Voraus sorgen.
> **Paul Hörbiger (1894–1981), österreichischer Schauspieler**

Komplettierungswahn

Für viele Sammler besteht der Reiz darin, ein Sammelgebiet komplett abdecken zu können. Es befriedigt ihren Jagdtrieb, fehlende Teile auf Messen und Flohmärkten aufzustöbern. Es gibt Comic-Sammler, die viel Zeit und Geld in ihre Leidenschaft stecken und für seltene Hefte zum Teil absurd hohe Summen zahlen. Diese Leute lesen in vielen Fällen die Comics nicht einmal. Ihr Ziel ist es, die Sammlung komplett zu machen. Haben sie dieses Ziel erreicht, verlieren sie das Interesse an ihrer Sammlung. Solche Sammlungen bieten sich an, komplett verkauft zu werden. Vielleicht an einen Sammler von Sammlungen.

Erinnerungsstücke: Alles, was wir aufbewahren, obwohl es keinen praktischen Nutzen hat

Horten

Horten ist nicht Sammeln. Eine Kiste mit Fahrradersatzteilen, die an Ihr aktuelles Gefährt gar nicht mehr angebracht werden können, dokumentiert eher Ihre Unfähigkeit, sich von Dingen zu trennen. Streichholzschachteln aus aller Welt, die Spiegel-Jahrgänge 1950–1989 sind wertlos, wenn Sie die Dinge nicht nutzen oder sich mit ihnen im Sinne einer Sammlung beschäftigen. Es hat keinen eigenen Wert, viel von etwas zu haben, auch nicht vom Gleichen.

Andenken und Erinnerungsstücke

Im bisherigen Verlauf der Wohnungsdiät haben Sie zahllose Entscheidungen über Andenken und Erinnerungsstücke gefällt. Viele davon werden ihren Platz in der Schatzkiste gefunden haben. In diese Kategorie gehören Fotos ebenso wie Ansichtskarten, Briefe, Urkunden, Mitbringsel, Kinderbilder, selbst gemachte Kunstwerke, Einladungen, Konzertkarten, Fahrkarten, kurz: alles, was wir aufbewahren, obwohl es keinen praktischen Nutzen hat. Diese Dinge dienen der Erinnerung an vergangene Momente. Was von diesen Dingen wichtig ist, können nur Sie allein entscheiden. Wir empfehlen, nur zu behalten, was Sie lächeln lässt oder Sie ernsthaft berührt. Werfen Sie unwichtige Erinnerungsstücke weg. Es ist von Vorteil, jedem erinnerungswürdigen Ereignis nur einen Schatz zuzuordnen. Er wird seine Aufgabe ebenso gut erfüllen wie mehrere. Sie sollten mindestens einmal im Jahr den Inhalt Ihrer Schatzkiste anschauen. Vielleicht hat sich ein Stück darin in Krempel verwandelt. Haben Sie das Gefühl, dass Sie Ihre Fotos nie in ein Album kleben werden? Dann lassen Sie es einfach bleiben. In kleinen Kisten thematisch sortiert sind sie ebenso gut untergebracht.

Tipps

- Sie können für Videos und CDs eine Liste oder Karteikarten anlegen, um den Überblick zu behalten.
- Betrachten Sie Sammlungen prinzipiell als Ganzes.
- Befassen Sie sich nicht mit den einzelnen Gegenständen.
- Benutzen Sie die Checklisten, um sich Klarheit über Ihre Sammlungen und Erinnerungsstücke zu verschaffen. Ihre Begründungen sollten knapp sein und in die Liste passen.
- **Purist:** Vergessen Sie bei Ihren Entscheidungen den finanziellen Aspekt, suchen Sie ausschließlich nach dem sentimentalen Wert.
- **Boheme:** Horchen Sie bei jedem Ding kurz in sich hinein. Wenn Sie nichts hören, kann das Andenken entsorgt werden.
- **Schlamper:** Widerstehen Sie der Versuchung, das Problem in den Keller zu verbannen.
- **Sammler:** Für komplette Sammlungen lassen sich oft gute Preise erzielen.

Checkliste Kapitel 15

Sammlungen

Ich habe folgende Sammlungen	Zuletzt benutzt/ betrachtet/erweitert	Abgeschafft am/ behalten, weil …

Erinnerungsstücke/ Souvenirs	Erinnerung positiv/negativ	Abgeschafft am/ behalten, weil …

Kapitel 16

Kontrolle ist besser, Putzen ist super

Noch ein kleines bisschen lockere Arbeit und der rein praktische und körperlich anstrengende Teil der Wohnungsdiät liegt hinter Ihnen!

Die Kiste **? Unklar ?** wird endlich weggeschafft, der Termin für das Ende der Kiste **Verkaufen** festgelegt. Die verbliebenen Gegenstände werden geputzt, es ist so weit: Schießen Sie die Nachher-Fotos. In diesem Kapitel bringen Sie die Entkremplungsphase zum Abschluss. Danach bringen Sie mit Putzen und Organisieren die Wohnung in den Idealzustand.

Endkontrolle

Schauen Sie sich noch einmal in Ihrer Wohnung oder Ihrem Haus um: Haben Sie alle Räume berücksichtigt, haben Sie jeden Gegenstand aus Ihrem Besitz in der Hand gehabt und eine klare Entscheidung getroffen? Wenn das so ist, gut. Wenn Sie sich den einen oder anderen Raum aufgespart haben, kann es sein, dass dort die schlimmsten »Leichen im Keller« liegen. Es hilft nichts, Sie müssen da durch (oder wenn es der Keller ist: hinein). Die seit Jahren nicht genutzte Abstellkammer ist Teil Ihrer Wohnung. Gerade in Ecken, Räumen und Schränken, die Sie bis jetzt ignoriert und übersehen haben, lauert Krempel.

Unklar hat ausgedient

Bitte werfen Sie jetzt die Kiste mit der Aufschrift **? Unklar ?** weg. Wie, in der Kiste sind noch Sachen? Sie können sich nicht entscheiden? Das ist Ihre letzte Chance: Integrieren Sie die Dinge entweder in Ihre Wohnung, oder geben Sie die Dinge zum Verwerten und Verkaufen. Es ist wichtig, dass Sie jetzt entscheiden, sonst wird aus der Unklar-Kiste das erste neue Krempel-Biotop.

Reparieren hat ausgedient

Haben Sie die meisten Dinge aus Ihrer »Rote-Zettel«-Checkliste abgearbeitet? Für das, was offen ist, kommt jetzt die Zeit. Nehmen Sie sich jetzt alles vor, was Sie allein oder mit Hilfe von anderen reparieren können. Alle Dinge, die Sie danach immer noch mit einem roten Zettel als optimierungsbedürftig markiert haben, sind Krempel, von dem Sie sich sehr schwer trennen können. Entscheiden Sie jetzt. Legen Sie bei längerfristigen und aufwändigen Reparatur- oder Renovierungsarbeiten einen Endtermin fest und für jede »Baustelle« eine To-do-Liste an. Ideal ist es, am Ende dieses Kapitels keine Baustellen mehr zu haben. Entweder Sie finden eine Lösung, oder Sie entscheiden sich bewusst, mit dem jetzigen Zustand glücklich zu sein.

> Change it, love it or leave it.
> (Ändere es, liebe es oder trenne dich davon)
> **Amerikanisches Sprichwort**

Wann werden Sie verwerten?

Legen Sie genau fest, wann das Zwischenlager für Dinge, die Sie verwerten oder verkaufen wollen, geräumt ist. Nach diesem Termin geben Sie sich einen Ruck: Dann sind die Dinge Müll und gehören in die Tonne. Achten Sie darauf, dass Sie das Zwischenlager nicht zu einem Endlager machen. Menschen, die etwas von Ihnen geschenkt haben wollen, sollten vor Ende dieses Kapitels da gewesen sein und es sich abgeholt haben. Menschen, die Dinge bei Ihnen lagern, sollten vor Ende dieses Kapitels ihr Lager bei Ihnen aufgelöst haben. Vor Ende des Kapitels sollten Sie das Datum für den Flohmarkt oder die Versteigerung im Internet genau kennen. Alle Flohmarkttermine in Deutschland nach Postleitzahl und Datum sortiert finden Sie unter *www.marktcom.de*.

Müll

Bevor Sie die leere Müllkiste mit den anderen Kisten der Wohnungsdiät zum Altpapier bringen, gehen Sie mit der Müllkiste noch einmal durch die ganze Wohnung. So wie Sie mit einem Einkaufskorb durch einen Supermarkt gehen, schlendern Sie durch Ihre Wohnung und gucken sich alles in Ruhe an. Auch jetzt kann das eine oder andere Ding Ihnen »entgegenspringen«, und Sie merken jetzt mit etwas mehr Distanz: »Das ist Krempel.« Genießen Sie den Rundgang. Wenn Sie jetzt nichts mehr finden, können wir Ihnen gratulieren: Ihre Wohnung ist krempelfrei.

Leere Flächen in jedem Raum

Schauen Sie, ob die leeren Flächen, die Sie in jedem Raum eingerichtet haben, an der richtigen Stelle sind. Beschließen Sie jetzt, diese Flächen in der nächsten Zeit zu respektieren. Wenn es Ihnen gefällt, können Sie daraus eine Gewohnheit machen, diese Flächen frei zu lassen. Genießen Sie den Luxus der freien Fläche!

Kontrolle Riesenteile – so groß, dass man sie übersieht

Achten Sie bei der Endkontrolle darauf, ob Sie beim Ausräumen nicht um einige Riesenteile herumgeräumt haben. Manche Dinge sind so groß, dass man sie übersieht, und manche Dinge waren schon immer da, so dass man gar nicht auf den Gedanken kommt, Krempel vor sich zu haben. Gerade Möbel haben die Tendenz, da zu bleiben, wo sie sind. Und da die Dinge immer den Platz einnehmen, den man ihnen gibt, findet sich immer Krempel, mit dem man die Möbel füllen kann und ihnen so eine Existenzberechtigung gibt. Jetzt, mit mehr Überblick, können Sie leichter entscheiden, ob es nicht besser ist, auf einige Riesenteile zu verzichten. Und für die Zukunft empfehlen wir Ihnen, beim Möbelkauf Qualität vor Quantität zu setzen.

Organisieren und putzen

Jetzt können Sie die Dinge, die den Krempeltest bestanden haben, in aller Ruhe organisieren und putzen. Dabei gehen Sie

Putzen ist im Wesentlichen selbsterklärend

systematisch vor (das können Sie ja jetzt) und geben jedem gereinigten Gegenstand einen klaren festen Platz. Faustregel ist, dass Sie jeden Gegenstand erreichen sollten, ohne einen anderen aufwändig wegräumen zu müssen. Ein paar weitere Regeln finden Sie in den Tipps.

Putzen ist im Wesentlichen selbsterklärend. Putzen Sie die Dinge um Sie herum so, dass Sie sich wohl fühlen. Es geht nicht darum, Ihre Wohnung so keimfrei zu halten, dass man auf Ihrem Küchentisch eine Herz-OP machen könnte. Manche Menschen haben ein schlechtes Gewissen, weil sie den hohen Sauberkeitsansprüchen der Vorabendreklame nicht entsprechen. Hier bringt die Wissenschaft Rettung. Untersuchungen haben ergeben, dass Menschen, die in einer zu sauberen Umgebung leben, viel anfälliger für Allergien sind. Auch hier gilt: Finden Sie Ihr eigenes Maß. Das Putzen kann Ihnen die Wohnungsdiät in Zukunft leider nicht ersparen, aber Sie werden merken, dass es ohne Krempel viel weniger Zeit kostet, die Wohnung zu putzen. Bei diesem gründlichen »Frühjahrsputz« geben Sie allen Dingen ihren festen Platz und schaffen gleichzeitig Ordnung in Ihrer Wohnung.

Wie erkennt man Ordnung?

Ordnung ist eine Funktion der visuellen Wahrnehmung. (Daher glaubt man, dass visuelle Typen es leichter haben, Ordnung zu halten, weil sie sehen, wo etwas nicht stimmt.) Bei der Ordnung kommt es auf die Optik an, und hier gibt es ein paar einfache Regeln, die man auf alle Bereiche der Wohnung anwenden kann.

Wir empfinden Dinge als ordentlich, die übersichtlich sind. Deshalb sollte zum Beispiel nichts auf dem Boden liegen. Wir behalten so die Übersicht über die Räume. Leere Flächen sind hilfreich, weil eine leere Fläche von sich aus ordentlich und übersichtlich ist.

Wenn wir auf einen Blick erkennen, wie etwas aufgebaut oder zusammengesetzt ist, haben wir ein Gefühl der Ordnung. Daher ist es sinnvoll, Dinge einer Funktion in einer Einheit unterzubringen (wie zum Beispiel Gewürzstreuer in einer Kiste). Die Dinge werden so »überschaubar«. Wir empfinden Dinge als ordentlich, wenn sie geometrischen Prinzipien folgen: Dinge, die symmetrisch angeordnet sind; Dinge, die klar voneinander getrennt sind; Dinge, die in einer Richtung angeordnet sind. (Alle Bücher stehen senkrecht im Regal, nicht schräg oder waagerecht.)

Und wir empfinden Ordnung, wenn alle Dinge ihren festen, klar definierten Platz haben. Der Platz sollte sich organisch und sinnvoll ergeben, so fällt die Nutzung und das Wiederfinden leichter. Wenn Sie wissen, dass der Kellerschlüssel seinen Platz im Korb an der Garderobe hat und nirgendwo anders, werden Sie nie wieder nach dem Schlüssel suchen müssen. (Außer Sie legen die Zeitung auf den Korb und sehen den Schlüssel nicht mehr.)

Ordnung ist das, was sich immer wieder auflöst. Das war schon immer so, und das wird die Wohnungsdiät leider nicht ändern. Leben macht eben Unordnung. Nach der Wohnungsdiät fällt das Aufräumen leichter, weil Sie für jeden Gegenstand den

Platz kennen und ohne viel Nachdenken die Dinge an ihre Plätze zurückbringen können.

Hilfe beim Putzen

Wenn Ihnen das Putzen der Wohnung immer schon zuwider war, sollten Sie überlegen, ob Sie diese Arbeit nach der Wohnungsdiät nicht delegieren sollten. Zwar kostet Sie das Geld für die Putzkraft, es kann Ihnen aber möglicherweise das ständig nagende schlechte Gewissen nehmen, nicht genug zu tun. Vor allem, wenn Sie in einem stressigen Beruf arbeiten, kann es schön sein, nach Hause zu kommen und zu wissen: Hier ist alles in Ordnung. Ein anderer Vorteil: Die Putzfrau motiviert Sie zum regelmäßigen Aufräumen. Niemand putzt gern eine chaotische Wohnung, und möchten Sie einem anderen Menschen Ihr eigenes Durcheinander zumuten? Rechnen Sie aus, wie viel Prozent »Mieterhöhung« die Kosten für eine Putzkraft ausmachen. Entscheiden Sie dann, ob Ihnen die gestiegene Lebensqualität so viel wert ist.

Jedes Ding hat seinen Platz

Finden Sie für Ihre Dinge Plätze, die sich beim Aufräumen gut wieder finden lassen. Wichtig ist es, hier einfache und alltagspraktische Lösungen zu finden. Kunstvoll aufgeschichtete Dinge, die bei der Benutzung in ein Chaos zusammenbrechen, helfen Ihnen nicht. Wenn Sie in Zukunft merken, dass Sie einen Gegenstand immer wieder von einem Ort zu seinem Platz zurückräumen müssen, sollten Sie sich fragen, ob das Ding an dem Ort, wo Sie es immer wieder finden, nicht besser aufgehoben ist. So lange das nicht der Fußboden im Flur ist, geben die Dinge Ihnen in der Benutzung Anregungen, wo sie am besten untergebracht sind. Wenn Sie in nächster Zeit ab und zu darauf achten, werden Sie es von allein merken, wo die Dinge am sinnvollsten platziert sind. Jetzt geht es erst darum, einen klar definierten Platz für alle Dinge zu finden. Falls Ihnen das bei einigen Dingen schwer fällt: Ist es vielleicht Krempel?

Nachher-Fotos machen

Wenn alle Dinge geputzt an ihrem Platz stehen und alles so aussieht, wie Sie es sich vorstellen, nehmen Sie eine Kamera und fotografieren Ihre Wohnung noch mal aus denselben Perspektiven wie zu Beginn der Wohnungsdiät. Den Film sollten Sie bis zum Kapitel 18 entwickelt haben.

Tipps

- Beim Putzen und Organisieren kann die Sortierkiste noch einmal gute Dienste leisten. Besonders da, wo viele kleine Dinge sortiert werden müssen, kann es hilfreich sein, die Dinge von einem Regalbrett noch einmal in die Kiste zu geben und von da aus neu zu ordnen.
- Fassen Sie beim Organisieren Dinge gleicher Art zusammen: Schuhcreme, Bürste, Lappen, Schnürsenkel und Lederfett kommen in eine Kiste. Solche Kisten und Körbe gibt es mittlerweile günstig zu kaufen. Sie helfen, das Innere von Schubladen besser zu unterteilen.
- Organisieren Sie große Gegenstände immer hinter kleinen und Dinge, die Sie seltener brauchen, hinter Sachen, die Sie jeden Tag brauchen.
- Manche Dinge braucht man nur einmal im Jahr. Eine bessere Möglichkeit wäre, diese Dinge in Zukunft einfach auszuleihen. Zum Beispiel ist man so bei einer Skiausrüstung immer auf dem neuesten Stand der Technik. Mieten ist der wahre Luxus, weil man sich nach Gebrauch um nichts mehr kümmern muss.
- Dinge, die Sie selten oder nur zu bestimmten Jahreszeiten brauchen, können Sie in Abstellräumen oder Kellern unterbringen. Achten Sie darauf, dass die Dinge gut verpackt und vor Schimmel und Motten geschützt sind. (Manchmal lagern wir Dinge, die Krempel sind, so ein, dass sie mit der Zeit verschimmeln oder verderben und wir sie anschließend ohne schlechtes Gewissen wegwerfen können.)
- Legen Sie über Dinge, die Sie brauchen und einlagern, Inventarlisten an (siehe Checkliste Kapitel 13, Inventarliste).
- Wenn Sie ein richtiger Putzprofi werden wollen, finden Sie im Internet Tipps und Tricks unter dieser Adresse: www.1000-haushaltstipps.de

- **Purist:** Mülltüten eignen sich zum Verpacken von Dingen, die im Keller gelagert werden sollen. Sie schützen vor Staub.
- **Boheme:** Es muss nicht immer der Staubsauger sein: Oft tut es auch der gute alte Besen.
- **Schlamper:** Es bietet sich an, am Ende dieses Kapitels gleich die Fenster zu putzen.
- **Sammler:** Sie brauchen nicht für jeden Zweck ein spezielles Putzmittel. Es gibt heute viele gute Produkte, die recht universell einsetzbar sind.

Checkliste Kapitel 16

Alles klar?
Je mehr dieser Fragen Sie mit Ja beantworten, desto näher sind Sie dem Ende der Entkremplungsphase

Frage	Ja/Nein
Haben Sie jeden Raum der Wohnung entkrempelt?	
Haben Sie für alle Dinge eine klare Entscheidung getroffen?	
Haben Sie einen Termin für die Auflösung des Zwischenlagers festgelegt?	
Haben Sie alle roten Zettel abgearbeitet?	
Haben Sie das Gesamtbild der Wohnung überprüft?	
Haben Sie den letzten Krempelcheck gemacht?	
Hat jeder Raum seine freie Fläche?	
Haben Sie alle Dinge, die bleiben sollen, geputzt?	
Haben Sie allen Dingen einen klaren Platz zugewiesen?	
Haben Sie alle Sortierkisten für die Wohnungsdiät ins Altpapier gebracht?	
Haben Sie die Nachher-Fotos gemacht?	
Haben Sie sich Ihre Belohnung ausgesucht?	

Teil III
Die Wohnungsdiät

Herzlich willkommen bei Teil III der Wohnungsdiät. Laden Sie Ihre Freunde ein und feiern mit ihnen, was Sie geschafft haben (Kapitel 18). In den Kapiteln 19 bis 24 geht es um die Nachhaltigkeit der Wohnungsdiät. Sie erfahren, wie Sie durch kluges Kaufverhalten und einige neue gute Angewohnheiten Ihre Wohnung so schön halten, wie sie nun ist. Wir geben Ihnen Tipps, wie Sie die aussortierten Dinge Gewinn bringend weiter verkaufen können. Neben diesen rein pragmatischen Aspekten werfen wir die Frage nach »emotionalem Gerümpel« auf. Vielleicht regen Sie die Erfahrungen der Wohnungsdiät an, Ihre Gedanken und Ihren Gefühlshaushalt nach Krempel zu durchsuchen. Mit dem Kapitel 24, das von Ihrer neuen Freiheit und dem guten Leben handelt, entlässt Sie die Wohnungsdiät in eben dieses gute Leben.

Kapitel 17

Die Einweihung

Genießen Sie ganz für sich Ihre neue Wohnung!

In diesem Kapitel schlagen wir Ihnen eine Zeremonie vor, mit der Sie nach all den Mühen den praktischen Teil der Wohnungsdiät zum Abschluss bringen. Sie haben viel erreicht, und es gibt Gründe genug, dies auf eine besondere Weise zu begehen. Dieses Kapitel wird Ihnen helfen zu begreifen, dass der erreichte Zustand gut ist.

Das Aufräumen bewusst abschließen

Dieses Kapitel mag auf den ersten Blick etwas ungewöhnlich erscheinen. Denn es geht hier um »unsichtbaren Krempel«, der durch die Einweihungszeremonie aus Ihrem Zuhause gebracht wird. Dieses Kapitel bringt Sie aus dem »Ich jage den Krempel«-Modus in den »Ich genieße mein neues Leben«-Zustand. Die Zeremonie hilft Ihnen, innerlich mit den Veränderungen abzuschließen, Erinnerungen loszulassen und Ihrer Entscheidung für oder gegen bestimmte Dinge »den Segen zu geben«. Mit einer Einweihungszeremonie schließen Sie die Entkremplungsphase der Wohnungsdiät bewusst ab. Das ist gerade für die Menschen wichtig, die denken, immer noch nicht genug getan zu haben.

Einweihung ja oder nein?

Wenn Ihnen das mit der Einweihungszeremonie komisch vorkommt – kein Problem, es geht auch ohne. Wir empfehlen Ihnen aber auf jeden Fall, die Entkremplungsphase bewusst zu beenden. Wie Sie Ihre Einweihungszeremonie gestalten, sollten Sie für sich allein entscheiden. Vielleicht ist es für Sie richtig, sich einfach mit einer guten Flasche Wein an Ihren Lieblingsplatz zu setzen und entspannt Musik zu hören. Vielleicht ist es Ihre

Zeremonie, überall frische Blumen aufzustellen. Wie Ihre persönliche Zeremonie aussieht, wissen Sie allein am besten. Wir geben Ihnen hier nur ein Beispiel zur Anregung. Wenn es Ihnen gefällt, können Sie es gern genauso machen, müssen es aber nicht.

So wie es ist, ist es gut

Was immer Sie bis jetzt getan haben, war für Sie genau richtig. So, wie Ihre Wohnung jetzt aussieht, ist sie perfekt. Schicken Sie jetzt Ihr schlechtes Gewissen durch die Tür nach draußen und verabschieden Sie Gedanken wie: »Ich sollte noch …« und »Es fehlt noch …«. Im Leben werden Sie so nie den Moment erreichen, in dem alles perfekt und genau so ist, wie Sie es wollen. Alles ist in Bewegung und ständiger Veränderung unterworfen. Weil das so ist, können Sie einfach beschließen: »Das, was jetzt ist, ist perfekt.« Und wenn Sie das tun, dann ist es auch perfekt.

Jeder ist anders

Die Idee der Wohnungsdiät ist nicht, alle Menschen zum gleichen Ziel zu führen. Je nach Typ hat jeder Mensch andere Vorlieben und Wohlfühlbedürfnisse. Und kein Typ ist besser als der andere. Sie haben eine große Leistung vollbracht, auf die Sie zu Recht stolz sein können. Lassen Sie sich nicht von Kommentaren anderer verunsichern. Es zählt allein, dass Sie sich in Ihrem Zuhause und mit Ihren Dingen wohler fühlen als bisher und sagen können: Endlich Platz für mich.

Einweihen mit Weihrauch

Wir bevorzugen das Räuchern zur Einweihung. Eine uralte Tradition, die heute in vielen Ländern Asiens Verwendung findet. (Auch die katholische Kirche nutzt Weihrauch für ihre Zeremonien.) Weihrauch wurde schon in der Antike überall da verwendet, wo viele Menschen zusammen kamen. Das Ausräuchern wirkte auch gut gegen ansteckende Krankheiten.

Vorbereitung

Besorgen Sie sich für das Räuchern

- Selbstbrennende Holzkohle (wird für Wasserpfeifen verwendet und ist in arabischen Läden zu kaufen)
- Ein mit Sand gefülltes Schälchen
- Weihrauch
- Eine Postkarte oder Ähnliches als Fächer

Achten Sie darauf, die nächsten zwei Stunden ungestört zu bleiben. Schalten Sie Ihre Klingel ab, schalten Sie Telefon und Handy ab. (Übrigens eine Sache, die Sie immer tun können, wenn es Ihnen passt. Heute glauben viele Menschen, man müsste immer erreichbar sein. Das stimmt nicht. Jeder Anruf ist ein Angebot zur Kommunikation. Sie können immer wählen, ob Sie es annehmen oder nicht.) Duschen oder baden Sie sich und ziehen Sie Ihre Lieblingssachen an. Wenn Sie mögen, legen Sie meditative Musik auf und stellen in jedem Raum brennende Kerzen auf. Ziel ist es, eine angenehme Stimmung in der Wohnung zu verbreiten. Legen Sie jetzt die selbstbrennende Kohle in das Schälchen mit Sand und zünden Sie die Kohle an. Nach einiger Zeit glimmt die Kohle und Sie können nach und nach das Räucherwerk auflegen. Sie können mit der Postkarte der Kohle Luft zufächeln und so die Rauchentwicklung beeinflussen.

> Je weniger einer braucht, desto mehr nähert
> er sich den Göttern, die gar nichts brauchen.
> **Sokrates (470–399 v. Chr.), griechischer Philosoph**

Die Zeremonie

Nun gehen Sie vom Haupteingang im Uhrzeigersinn mit dem Räucherschälchen durch jeden Raum. Verabschieden Sie sich in jedem Raum von schlechten Erinnerungen oder Gefühlen. Sie können das in Gedanken tun oder indem Sie die negativen Erlebnisse und Gedanken laut beim Namen nennen. Wichtig ist, dass Sie mit sich und dem Raum im Reinen sind. Wenn an manchen Orten Zweifel über Dinge auftauchen, schauen Sie sich diese Zweifel in Ruhe an und lassen Sie sie dann ziehen, so wie Wolken über den Himmel ziehen. Sagen Sie – wenn Sie an so etwas glauben –, dass negative Kräfte jeder Art verschwinden dürfen. Sie werden hier jetzt nicht mehr benötigt.

Gehen Sie durch jeden Raum, entlang der Wand im Uhrzeigersinn, räuchern Sie die Ecken aus und gehen in drei enger werdenden Kreisen bis zur Mitte des Raumes. Dort verharren Sie für einen Moment, lassen alle negative Energie los und gehen in den nächsten Raum, den Sie auf gleiche Weise behandeln. Beachten Sie: Sie können bei der Zeremonie nichts falsch machen. Das, was Sie in *Ihrer* Wohnung tun, ist genau richtig. Vertrauen Sie auf Ihre Intuition.

Wenn Sie mögen, können Sie jetzt Salzwasser (klares Leitungswasser mit etwas Salz) aus einem Gefäß mit den Fingern verspritzen (nicht die Wohnung duschen – es geht um die Zeremonie). Sie können das Salzwasser in einen Zerstäuber füllen und in den Räumen zerstäuben.

Jetzt haben Sie Ihre Wohnung mit den Elementen Feuer, Wasser, Erde (Salz) und Luft gereinigt.

Heißen Sie Ihre Dinge willkommen

Nachdem Sie die Fenster geschlossen haben und wieder eine gemütliche Atmosphäre geschaffen haben, nehmen Sie noch einmal das Räucherwerk und gehen auf dem gleichen Weg durch die Wohnung. Jetzt ist es Zeit, die Dinge in Ihrer Wohnung bewusst willkommen zu heißen. Freuen Sie sich über das, was Sie besitzen. Nehmen Sie bewusst wahr: Das sind meine Dinge. Diese Dinge sind gut für mich und bringen mir Glück und Wohlstand. Weihen Sie die Dinge um sich herum ein. Verankern Sie ein neues gutes Verhältnis zu den Dingen. Machen Sie sich klar, »dass die Dinge gern für Sie da sind« und ihre einzige Aufgabe ist, gut für Sie zu sein. Machen Sie Ihren Frieden mit den Sachen um Sie herum. So, wie es jetzt ist, ist es gut.

Abschluss

Beenden Sie die Einweihungszeremonie, indem Sie alle Kerzen löschen, den Weihrauch und die Kohle mit Wasser ablöschen oder an einem sicheren Ort ausglühen lassen.

Tipps

- Wenn in Ihrer Wohnung mal »dicke Luft« herrschen sollte, können Sie die Zeremonie nutzen, die Stimmung wieder zu verbessern.
- Wenn Sie Gefallen an dieser Art von Zeremonie gefunden haben, könnte es für Sie interessant sein, einen »Altar« in Ihrer Wohnung zu haben. Das ist ein Ort, an dem Sie symbolische Gegenstände versammeln und den Sie als »spirituelles Zentrum« Ihrer Wohnung nutzen.
- In Asien hat fast jedes Haus einen Hausaltar, früher gab es bei uns den »Herrgottswinkel« in der guten Stube. Hier spiegelt sich ein uraltes Bedürfnis der Menschen wider. Wenn Sie das Bedürfnis haben, schaffen Sie sich in Ihrer Wohnung einen Platz für Ihren persönlichen Altar. Sie können dort Steine, Federn, Räucherstäbchen oder Figuren unterbringen.
- Wählen Sie Dinge aus, die Ihnen Kraft geben, und wählen Sie einen Ort, den Sie für passend halten.
- Viele Menschen haben heute ihre Fernseher an dem Ort stehen, der sich eigentlich am besten für einen Altar eignen würde. Versuchen Sie einmal, in den »heiligen Winkel« des wichtigsten Raumes etwas anderes als den Fernseher zu stellen. Es könnte Ihr Leben verändern.
- **Purist:** Wenn Sie einen Altar einrichten wollen: Altäre müssen nicht kitschig sein. Ein einzelner Stein vom Atlantik kann Ihnen zum Beispiel als Altar dienen.
- **Boheme:** Wenn Sie einen Altar einrichten wollen: Bei Ihnen, besteht die Gefahr, dass der Altar zu üppig ausfällt. Beschränken Sie sich auf Dinge, die Ihnen aktuell etwas sagen. Ein Altar ist nicht statisch. Sie können ihn jederzeit verändern.
- **Schlamper:** Wenn Sie einen Altar einrichten wollen: Stellen Sie auf Ihren Altar eine Blume, die regelmäßige Pflege braucht. Das erinnert Sie daran, dass Ihre Wohnung regelmäßige Pflege braucht.
- **Sammler:** Wenn Sie einen Altar einrichten wollen: Ein Altar ist keine Sammlung. Legen Sie auf Ihren Altar nicht mehr als fünf ausgewählte Dinge.

Kapitel 18

Die große Feier

Jetzt können Sie endlich angeben. Zeigen Sie Ihren Freunden das Ergebnis Ihrer Mühen und ernten Sie Bewunderung.

Es ist Zeit, Ihren Erfolg zu feiern. Ihre Wohnung strahlt in neuem Glanz. Freuen Sie sich auf eine Überraschung, die wir für Sie vorbereitet haben. Staunen Sie über die Reaktionen Ihrer Freunde. Erzählen Sie von Ihren Erlebnissen. (Und empfehlen Sie uns weiter.)

Der Vorher-Nachher-Effekt

Sie haben jetzt die Vorher-Nachher-Fotos entwickeln lassen. Heute Abend haben Sie die Gelegenheit, Ihren Freunden und Freundinnen zu zeigen, was sich geändert hat. Dazu würden Sie die Fotos nicht brauchen. Man kann den Unterschied direkt sehen. Sie werden merken, dass sich Menschen, die Sie besuchen, gern bei Ihnen aufhalten. Freunde, Verwandte und Bekannte, die nichts von der Wohnungsdiät wissen, werden merken, dass sich etwas zum Positiven verändert hat. Für das, was Sie geleistet haben, dürfen Sie sich gern von Ihren Freunden loben lassen.

Und was kommt jetzt?

Mit dem praktischen Teil der Wohnungsdiät sind Sie fertig. Die harte Arbeit ist vorbei. Sie können überraschend Besuch empfangen, ohne dass Sie in Stress geraten; Ihre Wohnung sieht klasse aus wie nie und Sie fühlen sich wohl in ihr. Einige der folgenden Kapitel sollen Ihnen helfen, mit wenig Aufwand die Wohnung in ihrem schönen Zustand zu erhalten. Das ist der rein pragmatische Teil. In anderen Kapiteln geht es darum, dass die äußere Veränderung, die Sie geschaffen haben, wahrscheinlich eine innere, eine mentale Veränderung nach sich zieht. Und das

Die Wohnungsdiät

Endlich Platz für mich!

Urkunde

Sie haben die Wohnungsdiät erfolgreich abgeschlossen
und Ihr Zuhause von allem überflüssigen Ballast befreit. Dazu:

Herzlichen Glückwunsch!

DIE WOHNUNGSDIÄT • Werfen Sie den Krempel aus Ihrem Leben! • IN DREI KLAREN SCHRITTEN

Ihr Wohnungsdiät Team

Sollten Sie diese Urkunde für überflüssig halten, werfen Sie sie sofort weg.
Denn das können Sie ja jetzt...

wäre nicht die Wohnungsdiät, wenn wir zu diesem Thema nicht noch etwas zu sagen hätten, natürlich inklusive Tipps und prima Checklisten.

Erzählen Sie es bitte weiter ...

Uns würde es freuen, wenn Sie Ihren Freunden und Bekannten von der Wohnungsdiät erzählen. (Vor allem, wenn es Ihnen gefallen hat.) Die Einweihungsparty ist dafür ein guter Augenblick.

> Man feiere nur,
> was glücklich vollendet ist.
> **Johann Wolfgang von Goethe (1749–1832), deutscher Dichter**

It's Partytime

Bei der Party geht es darum, die neue Wohnung nach außen hin einzuweihen. (Außerdem ist der Termin hilfreich, um während des praktischen Teils die Motivation aufrechtzuerhalten.) Wir wünschen Ihnen viel Spaß bei Ihrer Einweihungsfeier.

Tipps

- Sie können sich bei der Feier entspannt zurücklehnen: Selbst wenn es drunter und drüber geht, Ihre Wohnung bringt das nicht aus dem Gleichgewicht.
- Feiern Sie! Es ist Ihre Party!
- Purist: Versuchen Sie nicht, »der beste Gastgeber der Welt« zu sein, sondern feiern Sie entspannt mit Ihren Gästen. Laden Sie die Freunde und Bekannten ein, mit denen Sie in die neue Zeit starten wollen.
- Boheme: Selbst wenn Sie sehr begeistert von unserer Wohnungsdiät sind, versuchen Sie nicht, Ihre Gäste zu missionieren.
- Schlamper: Keine Angst: Eine Feier und die dadurch entstehende Unordnung katapultiert Sie nicht in den »Vorher«-Zustand.
- Sammler: In einer Wohnung, die sich einfach und schnell aufräumen lässt, lässt es sich entspannt feiern.

Kapitel 19

Es soll so schön bleiben, wie es ist

Mit ein paar einfachen Kniffen bleibt Ihre Wohnung für immer krempelfrei!

In diesem Kapitel geht es darum, den erreichten Zustand zu erhalten. Das ist jetzt kein großer Aufwand mehr. Erfahren Sie außerdem, wie Sie eigene Checklisten erstellen, um sich einen Überblick über verschiedenste Aufgaben zu schaffen.

Leben macht Unordnung

Jedes Ding hat seinen Platz. Ihre Wohnung ist einfacher zu putzen. Es gibt keinen Krempel mehr. Jetzt müssen Sie nur dafür sorgen, dass das so bleibt. Denn Sie werden schließlich weiterhin Dinge kaufen. Gegenstände werden sich abnutzen und kaputtgehen. Sachen werden ihre Bedeutung verlieren oder verändern. Sie werden Geschenke erhalten, auf der Kirmes Plastikrosen schießen, Sie werden Zeitschriften in Ihre Wohnung tragen, Flaschen leer trinken, kurz: Sie leben weiterhin in Ihrer Wohnung und das verursacht naturgemäß Unordnung.

Wohnungsdiät permanent

Räumen Sie immer sofort auf. Legen Sie Dinge, die Sie benutzt haben, direkt an ihren Ort zurück. Später wird es nicht weniger Arbeit. Hören Sie nicht auf, Dinge wegzuwerfen, sobald sie sich als Krempel entpuppen. Erledigen Sie Reparaturen innerhalb einer Woche. Sollten Sie sehr nachlässig werden, können Sie sich zur Motivation die Vorher-Fotos anschauen. Sie merken, dass es viel einfacher geworden ist, den erreichten Zustand aufrechtzuerhalten. Vor der Wohnungsdiät war es erheblich schwieriger, die Wohnung nur halb so gut in Schuss zu halten.

Achtung Zollkontrolle

Halten Sie sich, so weit es sinnvoll ist, an die Regel: Für jedes Ding, das in die Wohnung gelangt, muss ein anderes fort. Das gilt nicht unbedingt für Salatgurken. Doch der Gedanke »Was kann ich für das Ding, das ich jetzt in die Wohnung trage, aus der Wohnung entfernen?« sollte zu Ihrem ständigen Begleiter werden. Denken Sie sich die Schwelle zu Ihrer Wohnung als Grenze. Krempel überquert diese Grenze nur in eine Richtung: nach draußen.

Krempel überquert die Grenze nur in eine Richtung: nach draußen

Zufriedenheit erhalten

Nehmen Sie sich die Zeit, Ihre Wohnung in regelmäßigen Abständen zu kontrollieren. Benutzen Sie die Checkliste aus Kapitel 2 als Hilfsmittel. Eine Wohnung ist ein lebendiges System und auch bei Ihnen bleibt nicht immer alles gleich. Was gestern ein Schatz war, kann heute Krempel sein. Das alles ist nicht sehr zeitaufwändig und hilft Ihnen, den erreichten Zustand der Zufriedenheit mit Ihrer Wohnung zu erhalten.

Listen

Sie haben im Laufe der Wohnungsdiät verschiedene Checklisten kennen gelernt. Listen können Ihnen helfen, den Zustand Ihrer Wohnung dauerhaft zu erhalten. Vor allem sind Listen eine List gegen das schlechte Gewissen. Wenn Sie Listen und Pläne erstellen, die realistische Einheiten vorgeben und somit einfach einzuhalten sind, können Sie das böse »Ich müsste doch eigentlich noch«-Gefühl für immer aus Ihrem Leben verbannen. Wenn Sie To-do-Listen führen, die Sie regelmäßig kontrollieren, kann Ihnen das die ständige Angst nehmen, irgendetwas vergessen zu haben. Es hat sich als sinnvoll erwiesen, ein Thema wie beispielsweise »Wohnung putzen« in kleine Schritte aufzuteilen. Wenn Sie finden, »Fernseher abstauben« sei ein eigener Punkt, führen Sie das so auf (sieht ja keiner ...). Auch andere Projekte im Leben können Sie mit dieser Methode in kleine Schritte aufteilen und sich so die Angst nehmen, mit ihnen zu beginnen. Eine Liste beginnt nicht mit den Worten »Ein Haus bauen«, sondern eher mit »Arbeitshandschuhe kaufen/Baumarkt«.

Liste gegen seelischen Krempel

Es gibt Listen, die einfach dazu dienen, seelischen Krempel loszuwerden oder Entscheidungen zu treffen. Fast jeder hat schon einmal vor einer schwierigen Entscheidung die Pro- und Kontra-Argumente auf einen Zettel geschrieben und festgestellt, dass er während des Schreibens plötzlich wusste, was er wollte, erstaunlicherweise unabhängig von der Schlagkraft der Argumente. Das liegt daran, dass Schreiben einem helfen kann, sich über Dinge klar zu werden, weil es zum Nachdenken zwingt.

Schreiben kann helfen, Dinge loszuwerden. Sie haben sich furchtbar über jemanden geärgert? Schreiben Sie es auf, schreiben Sie, was der Mensch getan hat und was Sie davon halten. Das reicht meistens, um lästigen seelischen Krempel abzuladen.

Es gibt also Erledigungslisten, Entscheidungslisten und Schuttabladelisten. Übertreiben Sie es aber nicht. Sie müssen keine Liste darüber anlegen, welche Listen Sie in nächster Zeit benötigen.

Tipps

- Überlassen Sie Reparaturen, die Sie besonders ungern machen, einfach einem Fachmann.
- Benutzen Sie die Nachher-Fotos zur Kontrolle, inwiefern sich Ihre Wohnung nach der Wohnungsdiät verändert.
- **Purist:** Bedenken Sie, dass der Jetzt-Zustand kein Idealzustand ist, der sich nie mehr verändern darf.
- **Boheme:** Wenn Sie einen Gegenstand finden, sei es ein glitzernder Stein, eine Feder, etwas Kunsthandwerkliches, betrachten Sie ihn, erfreuen Sie sich an ihm, und denken Sie darüber nach, was Sie aus Ihrer Wohnung verbannen, wenn Sie ihn tatsächlich mitnehmen sollten.
- **Schlamper:** Nie mit leeren Händen aus dem Haus gehen! Schauen Sie vor jedem Einkauf nach, ob Sie Leergut, Altglas oder Altpapier mitnehmen können.
- **Sammler:** Erliegen Sie nicht der Versuchung, alle Unwägbarkeiten des Lebens durch Listen zu kontrollieren.

Checkliste Kapitel 19

Zollkontrolle

Um ein Gefühl dafür zu bekommen, wie viele Dinge Ihre Wohnung erreichen und verlassen, benutzen Sie eine Woche lang die folgende Checkliste.

Datum	In die Wohnung getragen	Aus der Wohnung getragen

Kapitel 20

Richtig einkaufen

Billiges Zeug ist uns zu teuer!

In diesem Kapitel schauen wir uns an, wie Sie vermeiden können, sich das Gerümpel der Zukunft ins Haus zu holen. Hier gilt es, stark zu sein. Sie stehen ganz allein milliardenschweren Konzernen gegenüber, die Ihnen immer wieder Krempel unterjubeln wollen. Keine Angst – es gibt Wege aus der Krempelfalle.

Der Kampf zwischen David und Goliath war fair

Die Geschichte von David, dem Zwerg, und Goliath, dem Riesen, wird gern als Beispiel genommen, wenn es um ungleiche Verteilung von Macht und Größe geht. Im Vergleich zum Verhältnis zwischen Kunden und Krempelanbietern war die Geschichte von David und Goliath richtig fair. Denn hier trifft ein nebenberuflicher David, der seine Gedanken meist woanders hat (denn wer kauft schon hauptberuflich ein?), auf eine Armee von hauptberuflichen Goliaths, die nur darauf aus sind, dem kleinen verwirrten David etwas anzudrehen.

Und wie bei der Geschichte von David und Goliath haben Sie als kleiner David eine mächtige Waffe, die dem Riesen den Boden unter den Füßen wegzieht. Diese Waffe ist ein freundliches: **»Nein, danke!«**

Einkaufsberater

Der Markt für Einkaufsberater jeder Art ist riesengroß. Wenn Sie sich entschlossen haben, etwas zu kaufen, und es Ihrem Typ entspricht, können Sie sich über alle Produkte, die es gibt, gründlich informieren. Angebote im Internet, Informationen von Stiftung Warentest, Fachmagazine jeder Art mit Produktbeschreibungen und Verbrauchermagazine in Radio und Fernsehen sind leicht zu finden.

Solange diese Veröffentlichungen unabhängig sind, sind sie eine Hilfe herauszufinden, welche Produkte von guter Qualität sind. Ob Sie unabhängige Informationen bekommen, müssen Sie selbst beurteilen. Wir persönlich wären skeptisch, wenn in einer Fachzeitschrift das »Testsieger-Produkt« ein paar Seiten später mit ganzseitigen Anzeigen beworben wird.

Nicht-Einkaufsberater

In all diesen Veröffentlichungen wird davon ausgegangen, dass Sie etwas kaufen wollen. Wir aber zeigen Ihnen mit unserem knappen »Nicht-Einkaufsberater«, den Sie ausschneiden und ins Portemonnaie stecken können, wie Sie als kleiner David die »Nein-danke-Waffe« scharf halten (zum Schrecken aller hauptberuflichen Goliaths). Die Fragen, die Sie im Nicht-Einkaufsberater lesen, helfen Ihnen, Krempel gar nicht erst zu kaufen.

Nicht-Einkaufsberater

- Ist es genau das, was ich will?
- Bringt es mir Freude oder Nutzen?
- Was kostet es mich?
- Gefällt es mir noch in einer Woche?
- Wo kommt es hin?
- Was kommt dafür weg?
- Brauche ich das?
- Unsicher? Darüber schlafen!

Was kostet es mich?

Der Nicht-Einkaufsberater ist so aufgebaut, dass Sie mit ein paar Kontrollfragen schnell herausbekommen, ob es sich lohnt, Geld für etwas auszugeben. Die Frage »Was kostet es mich?« bezieht sich nicht auf das Geld allein. Wir meinen damit vor allem die Zeit, die Sie eine Anschaffung kostet. Es ist hilfreich, sich auszurechnen, wie lange man für etwas arbeiten muss. Das ist Ihre eigene, ganz persönliche Währung. Nehmen Sie Ihre monatlichen Nettoeinnahmen und teilen Sie diesen Betrag durch die Stunden, die Sie mit Ihrer Arbeit plus Vorbereitung und

Anfahrt verbringen. Wenn Sie wissen, wie lange Sie für die Anschaffung arbeiten müssen, werden Sie sich besser entscheiden können.

Zeit als Kostenfaktor

Mit dem Kauf eines Dinges hören die Kosten nicht auf. Überlegen Sie sich, wie viel Zeit Sie für den Gebrauch und die Wartung des Gegenstandes benötigen. Heute haben die meisten Menschen mehr Geld als Zeit. Wenn Sie sich zum Beispiel eine Sportausrüstung kaufen, überlegen Sie vorher, ob Sie die Zeit haben werden, die gekaufte Ausrüstung zu nutzen, oder ob der Hauptnutzen der Anschaffung darin liegt, Ihnen ein schlechtes Gewissen zu machen und Sie unter Stress zu setzen, weil die Anschaffung sich gelohnt haben soll.

Eigene Schwachstellen erkennen

Jeder von uns hat Schwachstellen, an denen er sich leicht verführen lässt, Krempel zu kaufen. Ob es Schuhe, Bücher, Gläser, Kosmetik, Sportgeräte oder Dekosachen sind, beim Ausräumen werden Sie Ihre Schwachstellen sicher entdeckt haben. Das mit den Schwachstellen ist alles halb so schlimm, wenn man sie erkannt hat. Dann kann man solchen Situationen mit Humor begegnen. »Oh, ich bin gerade dabei, neue Kristallweingläser zu kaufen. Die werden sicher gut zu den 24 anderen passen.« Wenn Sie irgendwann den Grund für Ihre Schwachstelle herausfinden, dürfen Sie echt stolz auf sich sein.

Klassische Schwachstellen für Krempelerwerb

Klassiker für den Krempelerwerb sind:

- Frustkäufe, um sich von Ärger abzulenken oder zu trösten.
- Spontankäufe, weil man gerade in der Gegend ist.
- Hungrige Supermarkteinkäufe. (Man wird vom Essen und nicht vom Kaufen satt.)
- Käufe unter Zeitdruck, auf den letzten Drücker vor Ladenschluss.
- Müde und unkonzentrierte Einkäufe.

- Überredete Käufe und Käufe unter Druck. (»Das trägt man heute so und nach dem Waschen wird es prima sitzen.« »Sie sollten sich schnell entscheiden, weil das unser letztes Stück ist.«)
- Einkäufe kurz vor Weihnachten.

Qualität kontra Krempel

Wir empfehlen Ihnen, im Zweifel immer das Produkt besserer Qualität zu kaufen, weil die Gefahr geringer ist, dass sich das Ding in kurzer Zeit in Krempel verwandelt. Teurer ist nicht immer besser; Discounter haben oft günstige Angebote von hoher Qualität. Wir empfehlen Ihnen, bei Dingen, die zusätzlichen Service brauchen, lieber zu einem guten Fachhändler zu gehen. Wer einmal von einem Mitarbeiter einer freundlichen, aber völlig unkompetenten »Hotline« zur Verzweiflung gebracht wurde, schätzt Läden, in denen er sich bei Problemen mit dem Inhaber persönlich unterhalten kann. Das ist zwar anfangs etwas teurer, auf die Dauer aber günstiger.

Goliaths Waffen: Willkommen in der Welt des Hypermarketing

Zwei Stück Gerümpel zum Preis von einem

Gerade in letzter Zeit werden in Deutschland Marketingtechniken verwendet, die lange Zeit gesetzlich verboten waren und die perfekt dazu geeignet sind, Krempel in Ihr Haus zu bringen. Wir nennen diese neue Form der Reklame »Hypermarketing«. »Kaufen Sie eine Spülmaschine und Sie bekommen gratis einen Entsafter dazu.« Wer sagt da schon »Nein« und fragt sich, ob er den Entsafter haben will? »Kaufen Sie ein Teil und bekommen das zweite umsonst dazu.« Da wäre man doch blöd, das nicht zu machen. Uns ist vom Kopf her allen klar, dass wir den Entsafter mitbezahlen, aber der Jäger und Sammler in uns kann sich einfach nicht zurückhalten und schleppt die leichte Beute stolz zurück in die Höhle.

Gratis gibbet nix

Die Amerikaner sagen: »There is no such thing as a free lunch.« (So etwas wie ein Gratisessen gibt es nicht.) Die Gerümpelflutwelle bricht gerade erst über uns herein. Krempel, getarnt als nette Zugabe zum eigentlichen Kauf, finden Sie an jeder Ecke. Sie wollen Ihr Auto voll tanken und dafür bezahlen? Das war früher einmal. Jetzt müssen Sie zwischen diversen Geschenken, Bonuspunkten, seltsamen Währungseinheiten und Krempel jeder Art auswählen. Überall gibt es Bonuskarten, Gutscheine und Bons. Die wollen Ihre Aufmerksamkeit, wollen aufbewahrt, gesammelt und zu guter Letzt verloren werden.

Nein, danke!

Warum lassen wir die netten Bälle nicht einfach beim Tankwart und fordern billigeres Benzin?

Weil es unhöflich ist, ein Geschenk zurückzuweisen und weil die Sachen auf den ersten Blick so aussehen, als könnte man sie gebrauchen. Machen Sie sich immer wieder klar: Das Geschenk bezahlen Sie. Wenn sich diese Entwicklung fortsetzt, prognostizieren wir eine noch höhere Krempelquote in deutschen Häusern und Wohnungen.

Bonuspunkte bringen zusätzlichen Stress

All die ausgefeilten Angebote des Hypermarketing bringen Ihnen nicht nur Krempel ins Haus, sondern zusätzlichen Stress. Sie müssen sich um die Kundenkarten kümmern, daran denken, dass Ihre Meilen nicht verfallen, dürfen Ihre Bons und Marken nicht verlieren und müssen aufpassen, begrenzte Sonderangebote nicht zu versäumen. Es ist sinnvoll, den Stress, den solche Angebote machen, gegen den wirklichen Gewinn aufzurechnen. All diese Programme führen dazu, dass noch mehr Ihrer Zeit, Energie und Aufmerksamkeit an Produkte und deren Erwerb gebunden wird. Solche »Kundenbindungsprogramme« – so werden all die Karten, Punkte und Bonusmeilen in der Wirtschaft genannt – sind oft Programme, die Sie fesseln, verstricken und zusätzlich belasten.

Geschenke von Familie, Freunden und Bekannten

Kurz vor Weihnachten fragt sich das ganze Land, was man den Lieben denn so schenken kann. In dieser Jahreszeit werden aus Unwissenheit und Liebe gigantische Krempelberge eingekauft und verschenkt. Jeder freut sich über ein Geschenk, das von Herzen kommt. Einfach, dass man etwas geschenkt bekommt, ist schön. Noch schöner ist es, wenn man das, was man bekommt, wirklich mag und gebrauchen kann. Leider fällt einem auf die letzte Minute kaum etwas ein. Die Lösung ist eine Geschenkliste, die Sie zu Ihrem Adressbuch oder Ihrer Telefonliste legen. Hier können Sie übers ganze Jahr Geschenkideen eintragen und sammeln. In Gesprächen mit Freunden und Verwandten hören Sie immer wieder etwas von Vorlieben für bestimmte Dinge, Bücher oder Musik. Bis Weihnachten oder bis zum Geburtstag hat man das meist vergessen und schenkt dann etwas, das vielleicht passt, vielleicht aber auch nicht.

Sie kaufen immer mehr als einfach nur Dinge

Wie in Kapitel 2 erwähnt, sind meist nicht die Dinge das Problem, sondern die Bedeutung, die wir den Dingen zumessen. Das nutzen die Goliaths der Branche für ihre Zwecke. Kaum ein Produkt, mit dem nicht ein bestimmtes Lebensgefühl verkauft wird. Im Marketing wird selten der wirkliche Nutzen eines Dinges angepriesen, vielmehr werden »Gefühlswelten« aufgebaut und mit dem Produkt in Verbindung gebracht. In diesen Welten geht es um Erfolg, Schönheit, Sicherheit, Reichtum, Freiheit, sexuelle Attraktivität, Liebe und immer wieder um Glück. Schauen Sie sich in der nächsten Zeit bewusst die Werbung im Fernsehen oder auf Plakaten an. Sie werden schnell erkennen, welche Werte mit den Produkten verkauft werden.

> Wohlstand ist eine Grundlage, aber kein Leitbild für die Lebensgestaltung. Ihn zu bewahren, ist noch schwerer, als ihn zu erwerben.
>
> **Ludwig Erhardt (1897–1977), deutscher Wirtschaftsminister und Bundeskanzler**

Marketing verkauft Werte

So kann es sein, dass Sie einen Mangel in Ihrem Leben durch den Kauf eines Produkts ausgleichen wollen. Das geht oft schief. Zum Beispiel: Ein Auto ist ein Ding auf Rädern, mit dem Sie herumfahren können. Ein Auto kann diverse Extras haben: Airbag, Schiebedach, Metalliclackierung und ABS. Ein Extra ist sicher nicht in das Auto mit eingebaut: der Wert »Freiheit«. Über diesen Wert (oder die Werte »Sicherheit« oder »Erfolg«) werden heute die meisten Autos verkauft. Vielleicht bedeutet für Sie das neue Auto genau das Gegenteil von Freiheit: Hohe Monatsraten für den Kredit, ständige Parkplatzsuche, Stau im Berufsverkehr und die Verpflichtung, Freunde, Kinder und Bekannte durch die Gegend zu fahren, können für Sie Druck und Beschränkung bedeuten.

Kann man Freiheit kaufen?

Das soll nicht heißen, dass Sie sich mit dem neuen Auto nicht glücklich, sicher und frei fühlen dürfen. Wir fordern Sie nur auf, bewusst zu prüfen, ob Sie ein Ding kaufen, weil es Ihnen an dem Wert mangelt, der mit dem Ding verknüpft wird. Denn wenn Sie eigentlich einen Wert erwerben wollen und sich herausstellt, dass das Produkt diesen Wert gar nicht in sich trägt, kann es sein, dass Sie sich Krempel eingekauft haben, weil Sie der echte Nutzen des Produktes erst mal nicht interessiert hat. Diesen Krempel entspannt wieder loszuwerden, geht nur dann, wenn Sie selbst die von Marketing gemachte Verbindung zwischen Produkt und Wert auflösen und für sich selbst entscheiden, ob ein Produkt dazu beiträgt, einen Wert in Ihr Leben zu bringen.

Vielleicht kommen Sie zu anderen Ergebnissen als zu den von Goliath gewünschten. Die Erfüllung von Werten wie Glück, Freiheit und Sicherheit ergibt sich unserer Erfahrung nach weniger aus dem Kauf von Dingen als vielmehr aus dem Umgang mit Menschen, den eigenen Lebenseinstellungen, Entscheidungen und Sichtweisen.

Tipps

- Machen Sie sich in Zukunft bei allen »Gratis«- und »Zwei zum Preis von Einem«-Angeboten klar: Was gratis ist, zahle in Wirklichkeit ich.
- Bezahlen Sie möglichst oft mit Bargeld. Das ist der sinnlichste Weg zu begreifen, dass die Dinge, die Sie kaufen, Geld kosten.
- Legen Sie für Ihre Wünsche eine Wunschliste an. Falls Sie jemand fragt, was Sie sich zum Geburtstag wünschen, müssen Sie nicht lange überlegen, sondern können sagen, worüber Sie sich am meisten freuen würden. Der Schenkende freut sich, weil er sich nicht mehr eine Idee »aus den Rippen schneiden« muss.
- Purist: Überprüfen Sie, in welchen Fällen Sie vielleicht versucht haben, Statussymbole zu erwerben statt eines funktionierenden Produkts.
- Boheme: Es ist nicht unhöflich, »nein« zu sagen, sondern unsere einzige Chance.
- Schlamper: Statt eine Geschenkliste anzulegen, können Sie die guten Geschenke direkt das Jahr über kaufen. Dann müssen Sie nicht in den Vorweihnachtstrubel.
- Sammler: Eigentlich wissen Sie, dass man nichts geschenkt bekommt, rufen Sie sich das einfach ins Gedächtnis, wenn's zum Teppich einen DVD-Player »gratis« dazu gibt.

Checkliste Kapitel 20

Geschenkideen

Sammeln Sie hier Ideen für Geschenke. Die Beschenkten werden sich noch mehr freuen, weil Ihre Geschenkideen so genau zu den (heimlichen) Wünschen passen.

Name	Geburtstag	Wünsche

Kapitel 21

Gerümpel zu Geld machen

Hier erfahren Sie, wie Sie Trödel, Krempel und Kram verkaufen und versteigern!

In diesem Kapitel geben wir Ihnen Tipps, wie Sie den Krempel aus dem Zwischenlager erfolgreich zu Geld machen. Wie präsentieren Sie Ihre Waren auf dem guten alten Flohmarkt, wie bei einer Internetauktion? Welche Produkte kommen auf den Tapeziertisch, welche ins Netz?

Flohmarkt

Flohmärkte sind eine Welt für sich. Bisher waren Sie wahrscheinlich öfter auf der Seite der Einkäufer und haben sich über schöne Dinge gefreut, die anderen im Weg waren. Hier jetzt ein paar Tipps für Flohmarktneulinge, die ihren verwertbaren Krempel loswerden wollen.

Wählen Sie einen guten Flohmarkt und eine gute Zeit aus

Bevor Sie auf einem Flohmarkt selbst Sachen verkaufen, sollten Sie einmal dort gewesen sein, um das Angebot und die Kunden kennen zu lernen. Nicht so gut sind Urlaubszeiten, besser sind Feiertage. Regen hält viele Menschen vom Bummel ab und verringert so die Umsätze. Außerdem wird Ihr Zeug nass. Dagegen hilft eine Malerplane.

Wählen Sie einen guten Platz auf dem Flohmarkt aus

Jeder Flohmarkt hat gute und schlechte Ecken. Die guten liegen im Idealfall in der Sonne und nicht im Schatten, in der Mitte und nicht am Rand. Am besten ist es, wenn Sie Ihren Stand an einer Hauptachse des Platzes aufstellen, weil dort die meisten Menschen vorbeikommen. Diese Plätze sind bei anderen Händlern

Feilschen Sie mit einem Augenzwinkern

begehrt. Kommen Sie also früh genug, um sich Ihren Platz zu sichern.

Bringen Sie eine gute Ausrüstung mit

Ideal ist ein Tapeziertisch, den Sie mit einer schönen signalfarbenen Decke oder mit Bettlaken abdecken. Vor den Tisch können Sie Bananenkisten mit Krempel stellen. Kleider verkaufen sich zu viel höheren Preisen von einer Kleiderstange. Für Ihr Geld sollten Sie zum Schutz vor Dieben eine Bauchtasche haben. Hilfreich ist es, genügend alte Plastiktüten und viel Wechselgeld dabei zu haben. Ein Klappstuhl, Getränke und Essen sollten nicht fehlen, denn meist dauern Flohmärkte den ganzen Tag.

Bringen Sie Übersicht in Ihren Stand

Stellen Sie das Gerümpel nicht einfach kreuz und quer auf den Tisch, sondern machen Sie sich die Mühe, die Dinge zu sortieren und zum Beispiel eine »Haushaltswarenabteilung« mit Küchenkrempel aufzumachen. Die kleinsten und teuersten Dinge sollten Sie in die Mitte des Standes legen, die größeren und schwereren in Kisten nach unten. Achten Sie darauf, auf Ihrem Stand eine kleine leere Fläche beizubehalten. Das ist ungewöhnlich und bringt Ihnen die Aufmerksamkeit der Kunden. Flohmarktbesucher lieben Stöberkisten, in denen sie Schätze entdecken können. Bieten Sie Ihren Kunden zum Beispiel eine Keksdose voller Kleinteile, so etwas zieht sie magisch an.

Handeln und feilschen Sie

Die meisten Menschen kaufen gern auf dem Flohmarkt ein, weil sie Schnäppchen machen können und den direkten Kontakt zu Händlern und Ware haben. Bieten Sie den Kunden das Basargefühl. Feilschen Sie mit Liebe und Hingabe. Feilschen Sie mit einem Augenzwinkern, denn Sie wissen: Alles, was ich verkaufe, ist Krempel, der mir vorher im Weg war.

Handeln Sie nicht allein

Tun Sie sich mit Freunden zusammen, die wie Sie die Wohnungsdiät hinter sich haben. Ein Flohmarkt zu zweit oder zu dritt macht viel mehr Spaß. Sie können sich gegenseitig beim Aufbauen, Reservieren und Verkaufen helfen und mal Pause machen.

Genießen Sie den Gewinn

Das Geld, das Sie auf dem Flohmarkt einnehmen, sollten Sie dafür verwenden, sich selbst eine gute Zeit zu machen. Unser Vorschlag: Nutzen Sie den in Form von Geld »wieder flüssig« gewordenen Krempel dazu, sich etwas Gutes zu gönnen oder anderen eine Freude zu machen.

Internetauktionen

Auf Flohmärkten ist es schwer, Dinge zu verkaufen, die teurer als 100 Euro sind und die man nicht so einfach mit sich herumtragen kann. Um Dinge zu verkaufen, die auf Flohmärkten nicht so gut loszuschlagen sind, bieten sich Internetauktionen wie zum Beispiel ebay an. Unter der Webadresse *www.ebay.de* können Sie sich anmelden. Dazu brauchen Sie ein Passwort und einen ebay-Namen, unter dem Sie im Netz auftreten. Wählen Sie am besten einen seriösen Namen, den man sich gut merken kann.

Artikel anbieten

Sie können Ihren Krempel zu einem festen Preis anbieten oder in einer Auktion. Sie bestimmen einen Mindestpreis, die Kategorie, in der Sie Ihren Krempel anbieten, und die Dauer der Auktion (drei, fünf, sieben oder zehn Tage). Achten Sie darauf, dass das Auktionsende in einer nutzerfreundlichen Zeit liegt, weil sich die Gebote erfahrungsgemäß in der letzten Stunde vor Auktionsablauf hochschaukeln. Und da haben Sie um 19 Uhr bessere Chancen als um 3 Uhr 24.

Verkaufschancen erhöhen

Wenn Sie ein Bild des zu versteigernden Gegenstandes mit einstellen, erhöhen Sie die Verkaufschancen beträchtlich. Beginnen Sie mit einem möglichst niedrigen Erstgebot. Und bleiben Sie per E-Mail erreichbar, um Fragen möglicher Kunden zu beantworten. Überlegen Sie gut, wie Sie den Beschreibungstext formulieren, der das Produkt anbietet. Welche Suchbegriffe würden Sie eingeben, wenn Sie so etwas kaufen wollten? Diese Begriffe sollten in Ihrem Text auf jeden Fall vorkommen.

Verkauf perfekt machen

Mit dem Auktionssieger klären Sie per E-Mail, wie das gute Stück versendet wird und wie Sie an Ihr Geld kommen. Üblich ist die Vorausüberweisung, bei persönlicher Übergabe die Barzahlung. Sie müssen an ebay Angebotsgebühren (0,25 Euro bis 2,40 Euro) und Verkaufsprovision (meist 4 Prozent) zahlen. Schicken Sie die Sachen schnell an den Käufer, denn dann werden Sie im Bewertungssystem gelobt und können bei späteren Versteigerungen bessere Preise erzielen.

Tipps

- Flohmärkte, die nur zu bestimmten Anlässen einmal im Jahr stattfinden, sind oft sehr lukrativ.
- Probieren Sie es aus, auf dem Flohmarkt einem Interessenten etwas zu schenken. Die gute Laune, die das Ihnen und dem Beschenkten macht, lässt Sie beim nächsten Verkauf viel mehr erzielen.
- Alle Flohmarkttermine in Deutschland nach Postleitzahl und Datum sortiert finden Sie im Internet unter **www.marktcom.de.**
- Wenn Sie im Internet mehr über Internetauktionen erfahren wollen, schauen Sie unter diesen Adressen nach: **www.alleauktionen.de, www.daea.de**
- Achten Sie bei ebay darauf, dass Sie den angebotenen Artikel mit dem richtigen Wort beschreiben und keine Rechtschreibfehler machen. Die meisten Käufer suchen die Dinge, die sie kaufen wollen, über eine Suchmaschine, die falsch geschriebene Worte nicht findet.
- **Purist:** Nutzen Sie im Verkaufsgespräch ruhig Ihre Sachkenntnis, das schafft Vertrauen.
- **Boheme:** Gerade früh morgens versuchen Flohmarkt-Profis, die Anfänger zu überrumpeln. Dann finden Sie Ihre Kaffeekanne später für das Doppelte zehn Meter weiter wieder. Lieber an einen Liebhaber verkaufen als an einen anderen Händler.
- **Schlamper:** Sollten Ihnen Flohmärkte nicht liegen, fragen Sie Flohmarktfans in Ihrem Bekanntenkreis, ob sie Sachen von Ihnen in Kommission nehmen.
- **Sammler:** Wiederstehen Sie der Versuchung, die Seite zu wechseln. Sie sind Verkäufer.

Kapitel 22

Emotionales Gerümpel

Was ist mit dem Durcheinander im Kopf, was ist mit »krempeligen« Beziehungen?

Ihre Wohnung steht toll aus, Sie haben viel erreicht. In diesem Kapitel erhalten Sie Anregungen, über innere Unordnung nachzudenken: Krempel im Kopf und im Herzen, krempelige Gedanken und krempelige Freundschaften. Freunde sortiert man nicht aus wie einen alten Topf, doch wer sind Ihre Freunde? Die Gedanken sind frei, aber was ist, wenn sie sich nur im Kreis drehen?

Das Gerümpel im Kopf

Die Wohnungsdiät beginnt im Kopf und schafft dort die Voraussetzung für Änderungen in der Realität. Durch das Ausräumen haben Sie Ihre Umwelt verändert und das wirkt sich als positiver Rückkopplungseffekt wieder auf Ihre Gefühle und Gedanken aus. In diesem Kapitel geben wir Ihnen einige Anregungen, wie Sie den Schwung der Wohnungsdiät nutzen können, um in anderen Bereichen altes Gerümpel loszuwerden.

Gedankenkreisel, Ängste und Befürchtungen

Wer kennt das nicht? Über Wochen und Monate kreisen die Gedanken um ein Thema. Meist sind es nicht wirklich positive Gedanken, die Gedankenkreisel auslösen. Und meist sind Gedankenkreisel nicht konstruktiv, sondern drehen sich immer wieder um die gleichen Ängste und Befürchtungen. Betrachten Sie solche Gedanken mit dem Krempelblick und Sie werden feststellen, dass Gedankenkreisel Ihnen weder nützen noch gut tun. Das bedeutet: Krempel. Leider scheint es nicht so einfach, diese Gedanken »vor die Tür zu schicken«. Es gibt ein paar hilfreiche Techniken, Gedankenkreisel aufzulösen. Als Erstes geht es darum, anzuerkennen, dass Sie bestimmte Ängste und Befürchtungen haben. Das ist oft nicht einfach, weil wir uns das ungern eingestehen. Schreiben Sie Ihre Befürchtungen auf. Einfach als Tatsache. Versuchen Sie nicht, sich zu rechtfertigen oder zu erklären, woher die Gedanken und Ängste kommen. Akzeptieren Sie, dass sie in diesem Augenblick da sind. Das ist die halbe Miete.

Schreiben Sie zu jeder Befürchtung folgende Frage auf: »Was ist das Schlimmste, was mir passieren kann?« Fassen Sie die Möglichkeiten in Worte. Überlegen Sie, was Sie tun würden, wenn das »Schlimmste« passiert. Meist genügt das, um Gedankenkreisel aufzulösen.

Machen Sie sich klar: Sie sind auch dann liebenswert, wenn Sie nicht perfekt sind

Ich bin nicht gut genug

Sie haben es geschafft, in Ihrer Umgebung eine Veränderung zum Positiven zu verwirklichen. Glückwunsch! Sie haben sich mit der Einweihungszeremonie klar gemacht, dass das, was Sie erreicht haben, perfekt ist. Sie wollen das immer noch nicht glauben? Gerade Frauen haben heute sehr oft das Gefühl, nicht gut genug zu sein. Sei es das Aussehen, die Leistungen in Job oder Familie. Überall gibt es etwas zu verbessern, Perfektion ist nicht in Sicht. Die Werbung zeigt uns perfekte Körper, perfekte Hausfrauen, perfekte, erfolgreiche, immer funktionierende Menschen. Dieser Anspruch sitzt mittlerweile tief und lässt viele Menschen nicht zur Ruhe kommen. Es ist völlig in Ordnung, sich Mühe zu geben. Tun Sie Ihr Bestes, aber nicht mehr. Achten Sie darauf, was Sie alles gut können, und weniger darauf, was in Ihrer Phantasie bis zur Perfektion fehlt. In vielen Lebensbereichen ist »gut« völlig ausreichend. Und der Aufwand zwischen »gut« und »perfekt« ist viel höher als der Gewinn. »Quality good enough« – »Qualitätslevel gut genug« wird das in der modernen Produktion genannt. Den täglichen Kampf um Perfektion bezahlen viele Menschen mit Ihrer Spontaneität und Lebensfreude. Machen Sie sich klar: Sie sind auch dann liebenswert, wenn Sie nicht perfekt sind.

Wut, Groll und Ärger

Sich aufzuregen und rumzubrüllen, kann manchmal genau das Richtige sein. Sie überqueren eine Straße, Ihr neues Handy fällt aus der Tasche und wird von einem Lastwagen platt gefahren. Wenn es Ihnen hilft, brüllen Sie jetzt, heulen oder kreischen Sie. Dann hat man die Gefühle losgelassen und braucht nicht mehr daran zu hängen.

Nicht wirklich vorteilhaft ist es, Wut und Ärger zu konservieren: Jemand beleidigt Sie und will Sie damit kränken. Sie ärgern sich über die Beleidigung und sind wütend, weil Ihnen nicht so schnell die passende Replik eingefallen ist. Anstatt es dabei zu belassen, führen Sie das kleine Stück auf der Bühne Ihres Kopfes immer wieder auf und haben so die Gelegenheit, immer wieder aufs Neue beleidigt zu werden und sich zu ärgern. Da schießen Sie etwas übers Ziel hinaus. Ihr Gegner wollte Sie ja nur einmal ärgern, Sie tun Ihm jetzt den Gefallen und ärgern sich zusätzlich.

Wenn Sie das merken, fragen Sie sich in einem ruhigen Moment, wie lange Sie sich weiter ärgern wollen. Legen Sie selbst die Zeit fest und halten Sie sich daran. Sie merken, es kann komisch werden, wenn man sich selbst ausdenkt, wie lange man sich ärgern will. Fragen Sie sich, ob Sie sich über diese Sache in einem, zehn oder fünfzig Jahren noch ärgern werden. Wenn das so ist, sprechen Sie mit dem Menschen, der Sie geärgert hat (und überlegen sich vorher eine gute Replik).

> Die eigentliche Aufgabe eines Freundes ist,
> dir beizustehen, wenn du im Unrecht bist.
> Jedermann ist auf deiner Seite, wenn du
> im Recht bist.
>
> **Mark Twain (1835–1910), US-amerikanischer Erzähler und Satiriker**

Diverser Kram im Kopf

Das sind ein paar Anregungen, wie Sie Gerümpel im Kopf erkennen und loswerden können. Wir haben uns mit der Wohnungsdiät nicht zur Aufgabe gemacht, Ihnen Lösungen für alle Ihre emotionalen Probleme anzubieten. Das können in den meisten Fällen beste Freunde, Berater oder Therapeuten eindeutig besser. Einen Bereich möchten wir ansprechen, weil er gut zu den Veränderungen, die durch die Wohnungsdiät ausgelöst werden, passt. Überprüfen Sie Ihre Freundschaften.

Tote Freundschaften und verborgene Schätze

Nehmen Sie Ihr Adressbuch oder Ihre Adressliste und gehen Sie alle Ihre Adressen durch. Was fühlen Sie bei den verschiedenen Freunden und Bekannten? Welche Freundschaften sind abgestorben und machen Ihnen nur ein schlechtes Gewissen, welche Menschen sind ständig um Sie herum, sind aber Zeit- und Nervendiebe.

Finden Sie heraus, welche Menschen im Augenblick in Ihrem sozialen Leben welche Rolle spielen und überlegen Sie sich, wie das in Zukunft aussehen soll. Das ist in manchen Fällen kein einfacher Schritt, aber Sie sollten Ihr Leben mit Menschen teilen, die Sie gern mögen. Manche Menschen sind wahre Energievampire und saugen ständig Freude, Lebensenergie und Ruhe aus Ihnen heraus. Andere Menschen machen Ihnen ein schlechtes Gewissen, weil Sie sich »eigentlich mal wieder melden sollten«. Erkennen Sie hier Parallelen zu Ihrer (früheren) Einstellung zu Dingen. Jetzt können Sie das ändern.

Freunde, die eine schlechte Zeit haben, bleiben Freunde

Das bedeutet nicht, dass Sie jetzt gnadenlos alte Freunde aussortieren sollen, weil die gerade eine schlechte Zeit haben. Dafür sind Freunde ja da, dass man sich in schlechten Zeiten beisteht. Kritisch sollten Sie werden, wenn Ihre Freunde und Bekannten schlechte Zeiten haben, seitdem Sie sie kennen, und selten für Sie da sind, wenn Sie Unterstützung brauchen. Letztlich entscheidet Ihr Gefühl.

Verborgene Schätze

Auch Sie kennen sicher Menschen, mit denen Sie gern mehr Zeit verbringen wollen, und vielleicht gibt es Menschen in Ihrer Umgebung, die ganz unauffällig immer zu Ihnen gehalten haben und für Sie da waren, für die Sie aber bisher kaum Zeit hatten. Zeit für diese Menschen können Sie sich schaffen, wenn Sie krempelige Freundschaften und Bekanntschaften beenden.

Wie macht man Schluss?

Eine Freundschaft zu beenden, ist keine leichte Sache. Hier braucht man Fingerspitzengefühl. Mitfühlende Ehrlichkeit hilft. Oft ist es so, dass der Mensch, zu dem Sie die Beziehung beenden wollen, ähnlich fühlt wie Sie und sich selbst nicht getraut hat, das anzusprechen. In manchen Fällen genügt es auch, die Freundschaft oder Bekanntschaft für sich allein bewusst zu beenden.

Mehr Zeit für sich

Kann es sein, dass Sie für einen wichtigen Menschen kaum Zeit einplanen? Von wem wir hier reden? Wir sprechen natürlich von Ihnen! Nehmen Sie sich selbst als Freund wahr, der Zeit und Raum braucht. Den Raum haben Sie sich geschaffen, die Zeit sollten Sie in Zukunft in Ihren Terminkalender eintragen. Treffen Sie Verabredungen mit sich selbst. Dazu mehr im nächsten Kapitel.

Tipps

- Gehen Sie Ihr Adressbuch durch und tragen Sie in die Checkliste »Menschen, die mir wichtig sind« die Leute ein, mit denen Sie in Zukunft Ihre Zeit verbringen möchten. Notieren Sie sich die Geburtstage dieser Menschen, alle wichtigen Kontaktdaten, damit Sie die Beziehungen auf einfache Weise pflegen können.
- Menschen, bei denen Sie sich lange nicht gemeldet haben, können Sie einfach jetzt kontaktieren. Es braucht keinen Grund, einen Freund anzurufen. Wenn Sie mögen, erzählen Sie von der Wohnungsdiät und davon, dass Sie den Wunsch haben, mit dem selten gesehenen Freund oder der verschollenen Freundin mehr zu unternehmen. Vereinbaren Sie gleich einen konkreten Termin.
- Geben Sie Menschen, mit denen Sie nichts mehr verbindet als ein paar vor Jahren ausgeliehene Gegenstände, die Dinge zurück. Das ist wichtig, um das Band, das durch die Dinge zwischen Ihnen geknüpft wurde, aufzulösen.
- Verabschieden Sie sich von all den Dingen, die Sie ausgeliehen und nie zurückbekommen haben, oder holen Sie sie sich zurück. Wenn Sie die ausgeliehenen Dinge, die Sie mit den Menschen verbinden, loslassen wollen, verschenken Sie die Dinge an die säumigen Ausleiher. Wollen Sie Ihre Dinge zurück – was Ihr gutes Recht ist –, fordern Sie diese mit einem klar gesetzten Termin zurück.

Checkliste Kapitel 22

Menschen, die mir wichtig sind

Name	Anschrift	Telefon	E-Mail	Geburtstag

Kapitel 23

Die neue Zeit

Die neue Wohnung macht Ihnen ein Geschenk!

Durch die Wohnungsdiät haben Sie Ihren Lebensraum zum Positiven verändert. In diesem Kapitel machen wir Ihnen Vorschläge, was Sie mit der so gewonnenen Energie anfangen können. Hier bekommen Sie Vorschläge, wie Sie den neu geschaffenen Raum gut für sich nutzen können.

Weniger ist mehr

Vielleicht haben Sie es ja gemerkt, dass Ihre neue Wohnung Ihnen mehr Energie, Klarheit und Wohlbefinden gibt. Wenn Ihnen das mit der Energie zu abgehoben klingt, werden Sie auf der praktischen Seite klar feststellen können, dass Sie weniger Zeit mit Suchen, Herumräumen und Putzen verbringen. Das ist das Geschenk der neuen Wohnung an Sie. Verwandeln Sie die bisher vergeudete Zeit in »Zeit fürs gute Leben«.

Was tun mit der »gewonnenen Zeit«?

In Wirklichkeit können wir keine Zeit gewinnen. Zeit gibt es für jeden exakt gleich viel: Man hat 24 Stunden am Tag zur Verfügung, genau wie jeder andere Mensch. Es kommt darauf an, wie viele Aufgaben wir uns in die Zeit packen. Das macht den Unterschied zwischen Hektik und Ruhe aus.

Nicht gleich wieder auffüllen

Unser Vorschlag: So, wie Sie in der Wohnungsdiät freie Flächen im Raum geschaffen haben, schaffen Sie sich ab jetzt freie »Flächen« in der Zeit. Nehmen Sie sich einmal die Woche bewusst nichts vor. Einfach gar nichts. Und – so komisch sich das anhört – legen Sie dafür einen Termin fest. Diese freie Zeitfläche wird sich auf die restliche hektische Zeit nach und nach so auswirken wie die leeren Flächen in Ihrer Wohnung auf Ihr Zuhause. In unserer hochorganisierten, arbeitsteiligen, ISO-genormten, extrem effizienten Welt wird dieser Zeitluxus immer seltener. Selbst in der Freizeit hechten Menschen von einem Event zum andern. Gerade in Großstädten hat sich ein »großstädtischer Eventismus« breit gemacht, der kaum Raum für altmodische Muße lässt.

Terminkalender entrümpeln

Wenn Sie gerade Ihren Terminkalender zur Hand haben, nutzen Sie die Gelegenheit, Ihre Zeit zu entrümpeln. Unser Vorschlag: Schreiben Sie einen Monat lang jeden Tag auf, womit Sie Ihre Zeit verbringen. Tun Sie das vor allem, wenn Sie keinen Terminkalender haben. Zählen Sie am Ende des Monats zusammen, womit Sie die meiste Zeit verbracht haben. Oft erkennen wir Zeitgerümpel nicht. Überlegen Sie, ob Sie alle Verpflichtungen, die Sie eingegangen sind, wahrnehmen wollen. Sie haben die Hoheit über Ihre Zeit. Nutzen Sie die Gelegenheit, in diesem Bereich Klarheit zu schaffen. Das ultimative Mittel, die Hoheit über Ihre Zeit zurückzugewinnen, ist das Wort »Nein«. Und zu sagen: »Ich will nicht« anstatt »Ich kann nicht«. Es erfordert mehr Mut, zeigt Ihnen aber, dass Sie die Freiheit haben, über Ihre Zeit zu bestimmen.

Genießen Sie die schöne Wohnung

Es wäre schade, wenn Sie die Wohnung, die Sie mit viel Arbeit zu einem besseren Ort gemacht haben, nur zum Schlafen nutzen würden. Sie machen einen Anfang mit der nicht verplanten Zeit. Was immer Sie tun – rumsitzen, träumen, in der Schatzkiste kramen oder Ihre Pflanzen beim Wachsen beobachten –, es ist Ihre Wahl. Gönnen Sie sich den Luxus, Zeit nicht »sinnvoll«, also effektiv und zielgerichtet zu nutzen. Und natürlich hat auch das einen Effekt. Muße beugt Stresskrankheiten vor, macht glücklich und lässt Sie in anderen Lebensbereichen entspannter werden. Wenn jemand Sie fragen sollte, was Sie da gerade machen, können Sie selbstsicher und mit Überzeugung antworten: »Ich wohne, ich lebe, ich genieße meine Zeit mit Nichtstun.«

Reizüberflutung auf allen Kanälen

Sie haben den Krempel erfolgreich aus Ihrer Wohnung verbannt und sich so einen Raum geschaffen, der mehr Ruhe, Klarheit und Ausgeglichenheit ausstrahlt. Das Krempelkonzept können Sie ganz einfach auf den medialen Ballast anwenden. Wir leben in einer glücklichen Zeit, in der es keinen Mangel an Informationen mehr gibt. Über Jahrhunderte haben Menschen danach gestrebt, immer und überall Zugang zu Bildung, Information und Unterhaltung zu haben. Wir sind darauf eingerichtet, alles wissen und nichts verpassen zu wollen. Das wird zunehmend schwieriger bei 35 TV-Kanälen, zig Radiostationen, Computerspielen, Handys, Milliarden Internetseiten, Zeitungsabos und Büchern, »die man gelesen haben muss«. Machen Sie sich klar: Das kann kein Mensch schaffen. Nie zuvor waren Menschen so vielen Informationen (und Desinformationen) ausgesetzt. Unser Reflex, alles wissen zu wollen, hilft nicht mehr weiter. Hier ist Umdenken angesagt. Haben Sie »Mut zur Lücke«.

Überlegen Sie, wie viel Zeit Sie für die Nutzung von Medien verwenden wollen und wie viel Zeit für den Kontakt zu Menschen? Vertrauen Sie bei der Informationsaufnahme Ihrer Intuition und suchen Sie sich ein oder zwei Quellen, denen Sie vertrauen können. Weniger ist hier oft mehr. Und vor allem: Nehmen Sie sich Zeit, über das, was Ihnen frei Haus geliefert wird, selbst und in Ruhe nachzudenken.

> Gar nichts zu tun, das ist die schwierigste Beschäftigung und zugleich diejenige, die am meisten Geist voraussetzt.
> **Oscar Wilde (1854–1900), irischer Schriftsteller**

Meditation und Yoga

Vom Nichtstun ist es nur ein kleiner Schritt zu Meditation oder zu anderen Techniken der Sammlung wie Yoga. Meditation ist systematisches aufmerksames Nichtstun. Meist geht es darum, seinen eigenen Körper so zu spüren, wie er jetzt und hier gerade ist. Das tut man, indem man seinen Atem beobachtet, wie er natürlich fließt, oder Gefühle des Körpers wahrnimmt und nicht darauf reagiert.

Es gibt eine Vielzahl von Meditationstechniken, die man erlernen kann. Welche Art Ihnen am besten liegt, werden Sie für sich herausfinden. In jeder größeren Stadt gibt es heute Yogaschulen und Meditationskurse. Informationen dazu finden Sie in Stadtzeitungen, VHS-Programmen und Buchhandlungen, die sich mit solchen Themen beschäftigen.

Zeit für Freunde

Sind Sie bisher viel ausgegangen und unterwegs gewesen? Treffen Sie Ihre Freunde nur in Restaurants, Cafes und Kneipen? Ärgern Sie sich über schlecht servierten Kaffee für zwei oder manchmal mehr Euro? Das können Sie ändern, indem Sie sich wieder mit Freunden in Ihrer Wohnung treffen. Ob zum Kaffeetrinken, zum Abend beim Bier oder zum gemeinsam gekochten Abendessen – für solche Momente sind Wohnzimmer und große Küchen gedacht. Leben Sie mit Ihren Dingen, nutzen Sie das »gute Geschirr« und teilen Sie Ihr Zuhause mit Freunden und Menschen, die Sie gern um sich haben.

Balance zwischen Bewegung und Ruhe

Das soll nicht heißen, dass Sie jetzt zum Stubenhocker werden sollen. Abende in Restaurants, Kneipen und auf Konzerten sind immer wieder großartig. Es geht darum, die richtige Balance zu finden. In den letzten Jahren hat sich durch die Globalisierung und Flexibilisierung des Arbeitsmarktes eine Lebensweise entwickelt, die immer mobiler und schneller wurde. Jetzt merken viele Menschen, dass es so nicht weitergeht, und wollen gegensteuern. Und da bietet sich die Wohnung als ruhender Pol geradezu an. Es geht nicht um Askese. Das Ziel ist, eine ausgewogene Vereinfachung in Ihr Leben zu bringen. Dann sind Sie endlich zu Hause.

Tipps

- Meditation ist gar nicht so schwierig. Egal, wo Sie gerade sind, wenn Sie ein paar Minuten Zeit haben: Beobachten Sie Ihren Atem. Wie er durch die Nase hineingeht und wieder hinausströmt. Das ist die Realität in diesem Augenblick. Genießen Sie den Moment.
- Eröffnen Sie gleich heute eine Tafelrunde. Laden Sie Menschen, die Sie mögen, zum Beispiel zum Abendessen ein und schlagen Sie vor, sich in regelmäßigen Abständen reihum zu treffen. Sie werden über das positive Echo erstaunt sein. Wichtig ist, dass jemand wie Sie den Anfang macht.
- **Purist:** Meditation ist kein Leistungssport.
- **Boheme:** Es muss ja nicht immer ein Abendessen sein. Man kann sich ebenso zum Spielen, zum Klönen (und Trinken) oder zum Singen verabreden.
- **Schlamper:** Lassen Sie sich von der ungewohnten Rolle des Gastgebers nicht nervös machen, Sie kochen bestimmt einen leckeren Kaffee, alle sitzen bequem und sagen Bescheid, wenn etwas fehlt. Freuen Sie sich einfach, von Freunden umgeben zu sein.
- **Sammler:** Zu Hause ist es nicht nur gemütlich, bei den heutigen Preisen in der Gastronomie spart man richtig Geld, wenn man sich mit anderen daheim amüsiert.

Checkliste Kapitel 23

Es gibt nichts zu »checken«. Nutzen Sie die freie Zeit, genießen Sie den freien Raum.

Kapitel 24

Das gute Leben

Genießen Sie die neue Freiheit!

Mit den 24 Kapiteln der Wohnungsdiät haben wir Sie durch einen Veränderungsprozess begleitet. Dieses Kapitel ist nicht als Abschluss der Wohnungsdiät gedacht, sondern als Sprungbrett (das von Wünschen, Werten und Vorstellungen handelt) in die neue Zeit. Wir verabschieden uns in diesem Kapitel von Ihnen. Dabei helfen Ihnen die allerletzten Checklisten der Wohnungsdiät. Geben Sie zu, Sie werden diese Listen vermissen ...

Aufbruch ins gute Leben

Herzlichen Glückwunsch, Sie sind beim letzten Kapitel der Wohnungsdiät angekommen. Wir freuen uns, wenn Ihnen die zwischendurch sicher anstrengende Wohnungsdiät gut getan und gefallen hat. Zum Abschluss oder Aufbruch in die neue Zeit möchten wir Ihnen Anregungen geben, wie Sie auf dem Weg ins gute Leben weitergehen können. Sie haben Ballast abgeworfen, um frei zu werden für die wichtigen Dinge im Leben.

Was will ich eigentlich?

Jetzt, nachdem der physische Krempel aus Ihrem Leben beseitigt ist, fällt es leichter, klar zu sehen. Sie brauchen weniger Zeit, sich um die Dinge in Ihrem Leben zu kümmern, und haben so mehr Zeit für sich selbst. Sie haben es geschafft, Klarheit und Struktur in Ihre Wohnung zu bringen, das ist die beste Voraussetzung dafür, das Gleiche für Ihr Leben zu tun.

Die Wunschfee kommt jeden Tag

Viele Menschen haben sich mit ihrem Leben arrangiert und fragen sich nicht mehr, was sie eigentlich wollen. Diese Menschen akzeptieren den Krempel, der in ihrem Leben herumliegt, als etwas, das man nicht wegschaffen kann, und haben resigniert. Sie hatten mal Pläne, Wünsche und Träume, haben aber irgendwann angefangen zu glauben, dass es keinen Zweck hat, seine Träume zu leben. Käme zu solchen Menschen die Wunschfee, würden sie ungläubig abwinken und nicht hören, was die Fee denn fragt. Die Wunschfee fragt: »Was wünschst du dir? Was wünschst du dir wirklich?« Und auf diese Frage sollten Sie drei verdammt gute Antworten haben. »Sechs Millionen im Lotto« ist keine gute Antwort. Die Fee will wissen, was Sie mit dem Geld anstellen werden. Konfrontieren Sie sich mit der Frage der Wunschfee, fragen Sie sich immer wieder: »Was ist mir wichtig? Was wünsche ich mir?«

Was ist mir wichtig? Wirklich wichtig?

Wir spielen jetzt das Wunschfee-Spiel: Wir möchten Sie fragen, was wichtig ist in Ihrem Leben. Nehmen Sie sich für das Wunschfee-Spiel eine Stunde Zeit. Zuerst schreiben Sie sich eine Werteliste. Welche Werte sind für Ihr Leben bestimmend, was hat in Ihrem Leben Priorität?

Werteliste

Wie geht das? Schreiben Sie auf Papierstreifen die Werte im Leben, die Ihnen etwas bedeuten. Zum Beispiel: Zeit mit der Liebe verbringen. Sport machen. Ehrlich sein. Erfolgreich im Job sein. Ein schönes Zuhause haben. Harmonie in der Beziehung. Und so weiter. Schreiben Sie einfach alles auf, was Ihnen in den Sinn kommt. Bei 15 Papierstreifen hören Sie auf.

Dann legen Sie die Papierstreifen als »flexible Liste« auf den Tisch. Nehmen Sie den ersten Papierstreifen von oben und vergleichen ihn mit allen anderen. Stellen Sie sich jedes Mal die Frage: Was ist mir wichtiger? Zeit mit Liebe zu verbringen oder Sport zu treiben? Entscheiden Sie schnell und spontan. Manchmal tut das richtig weh. Entscheiden Sie trotzdem, denn Ihre Wahl ist nicht in Stein gemeißelt. Vergleichen Sie im K.O.-System alle Wertezettel miteinander. So ergibt sich eine Rangfolge. Wenn zum Beispiel »Zeit mit Liebe verbringen« nicht so wichtig ist wie »Erfolgreich im Job sein«, dann steht dieser Wert im Augenblick bei Ihnen über dem anderen. Vergleichen Sie »Erfolgreich im Job sein« mit allen anderen Werten. Wenn diesen Wert kein anderer schlägt, ist das Ihr Platz 1. Auf diese Weise sortieren Sie alle anderen Werte in eine Reihe und übertragen sie in die Werteliste (siehe Checkliste), bis Sie die Plätze 1 bis 10 belegt haben. Die übrigen fünf Papierstreifen brauchen Sie nicht weiter zu sortieren.

So ist es. So will ich es

Mit der Werteliste haben Sie eine Übersicht Ihrer persönlichen Werte, wie sie im Augenblick sind. Tragen Sie diese Werteliste in den linken Teil der Checkliste ein. Den meisten Einfluss auf Ihr Leben haben die Werte der ersten vier Positionen. Wenn etwas in Ihrer Werteliste nicht vorkommt, kann das bedeuten, dass in diesem Bereich alles in Ordnung ist. Wenn zum Beispiel der Wert »Sportlich sein« nicht in Ihrer Liste vorkommt und Sie sich aber wünschen, sportlicher zu sein, hilft es, die Werteliste bewusst umzusortieren. Die Wirkungen sind erstaunlich. Sie machen sich so bestimmte Werte und Lebenseinstellungen bewusst. Probieren Sie es aus. Schreiben Sie Ihre neue persönliche Werteliste auf und schauen Sie sich die neue Liste in ein paar Monaten noch mal an. Sie werden staunen, was sich verändert hat. Die Werteliste ist ein Werkzeug, sich über das klar zu werden, was für Sie wirklich wichtig ist.

> Herr, gewähre mir, dass ich immer mehr
> wünsche, als ich vollbringen kann.
>
> **Michelangelo (1475–1564), italienischer Bildhauer, Maler, Baumeister und Dichter**

Dinge, die Sie schon immer tun wollten

Die Wohnungsdiät hat Platz geschaffen. In Ihrer Wohnung und vielleicht in Ihrem Kopf. Platz für Dinge, die Sie schon immer tun wollten. In Teil zwei des Wunschfee-Spiels geht es darum, Ihre Wünsche und Träume eindeutig zu formulieren. Schreiben Sie jeden Wunsch konkret in Gegenwartsform und eindeutig auf.

Also nicht: »Ich würde, wenn ich könnte, gern einen Krimi schreiben, aber ich hab ja keine Zeit.« Sondern: »Ich schreibe in zwei Jahren einen Krimi, der in Paris spielt.«

Es ist ein Spiel und die Wunschfee spielt am liebsten mit den Menschen, die Freude dabei haben. Schreiben Sie alle Ihre Wünsche auf. Alle. Selbst die, von denen Sie vorgeben, gar nichts zu wissen. Es sind Ihre Wünsche. Selbstverständlich dürfen Sie auch Dinge aufschreiben, die Sie sich wünschen. Vom Porsche über das ultimative Paar Schuhe bis hin zum Landhaus in der Toskana. Es geht hier um Wünsche, nicht um eine Einkaufsliste: Sie dürfen schwelgen, träumen, phantasieren.

Aus Wünschen werden Ziele

Aus dieser Liste suchen Sie Ihre zehn liebsten Wünsche heraus und schreiben Sie wie eine Bestellung in eine Liste. Egal, was es ist, schreiben Sie es auf. Eindeutig, konkret und auf den Punkt gebracht. »Ich wohne im Jahr XY in meinem Landhaus in Frankreich.« Oder: »Ich finde nächsten Monat den Job, der mich begeistert.« Schreiben Sie das einfach auf und vergessen es anschließend am besten. Das bedeutet: Sie legen Ihr Ziel entspannt im Unbewussten ab. Ihr Unbewusstes wird nun von allein gute Gelegenheiten erkennen, die Sie Ihrem Ziel näher bringen.

Aus Zielen wird Realität

Aus der Liste Ihrer Wünsche suchen Sie sich zehn weitere Wünsche heraus, die Sie schon jetzt verwirklichen können. Vergessen Sie nicht, anzugeben, bis wann Sie die Wünsche realisieren wollen, und achten Sie darauf, sich mit Ihren Zielen nicht unter Leistungsdruck zu setzen. Ob Sie die Ziele letztlich so erreichen, wie Sie sich das vorstellen, ist nicht so wichtig. Ziele geben Ihnen die Richtung an, in die Sie gehen wollen. Wichtig ist es, klar seine Ziele zu definieren. Sortieren Sie die Ziele mit der gleichen Technik, mit der Sie vorher Ihre Werte sortiert haben. Überlegen Sie sich Etappen bis zur Erreichung Ihres Ziels und setzen Sie sich einen nicht zu ehrgeizigen Zeitplan. Gute Ziele inspirieren, beflügeln und begeistern.

Das gute Leben: Endlich Platz für mich!

Wie Ihre eigenen Ziele aussehen, kann nicht mal die Wunschfee sagen. Ziele sind so unterschiedlich wie die Menschen, die sie haben. Werte und Wünsche sind bei jedem Menschen anders gewichtet. Und doch gibt es immer wieder Gemeinsamkeiten, die uns alle verbinden. Die meisten Menschen wollen für sich und die anderen ein gutes Leben. Das ist das Ziel der Wohnungsdiät. Wenn uns das gelungen ist, sind wir stolz und glücklich.

Tipps

- Ermitteln Sie in regelmäßigen Abständen Ihre Werteliste. Es ist spannend zu sehen, wie sich die Werte im Laufe der Zeit verändern.
- Seien Sie bei der Formulierung der Wünsche nicht zu bescheiden. Es geht darum, dass Sie sich die Möglichkeiten klar machen, die Sie haben.
- Wenn Sie Ihre Wohnung nach der Wohnungsdiät weiter aufwerten wollen, beschäftigen Sie sich mit Feng-Shui, einer chinesischen Lehre, die sich mit der Gestaltung von Räumen beschäftigt. Jede gute Buchhandlung kann Ihnen dazu Literatur empfehlen.
- **Purist:** Erlauben Sie sich einen spielerischen Umgang mit der Werteliste. Erlauben Sie sich erstaunliche Erkenntnisse.
- **Boheme:** Bleiben Sie bei Ihren Zielen auch mal realistisch. Wenn Ihnen das zu langweilig ist, legen Sie eine Liste mit »utopischen« Zielen an. So erkennen Sie vielleicht eine Richtung, selbst wenn das Ziel nicht zu erreichen ist.
- **Schlamper:** Auch manches vielleicht zu hoch gesteckte Ziel kann Ihnen eine Richtung andeuten.
- **Sammler:** Ihre Werteliste muss nicht originell und überraschend sein. Schreiben Sie einfach auf, was Ihnen einfällt.

Checkliste Kapitel 24

Meine Werte

So ist es		So will ich es	
Platz	**Wert**	**Platz**	**Wert**
1		1	
2		2	
3		3	
4		4	
5		5	
6		6	
7		7	
8		8	
9		9	
10		10	

Checkliste Kapitel 24

Meine Wünsche

Was? (konkret, Gegenwart, eindeutig)	Bis wann?

Checkliste Kapitel 24

Meine Ziele

Was? (konkret, Gegenwart, eindeutig)	Bis wann?

Literaturtipps

- Bader, Marlies: Räuchern mit heimischen Kräutern. Kösel 2003.
- Kingston, Karen: Feng Shui gegen das Gerümpel des Alltags. Rowohlt 2000.
- Küstenmacher, Werner Tiki / Seiwert, Lothar K.: Simplify your life. Einfacher und glücklicher leben. Campus 2002.
- Lim, Jes T. Y.: Feng Shui und Gesundheit. Vital leben in Haus und Wohnung. Joy Verlag 1997.
- Lim, Jes T. Y.: Feng Shui für Büro und Business. Uraltes Erfolgswissen für die Berufswelt des 21. Jahrhunderts. Integral 2000.
- Linn, Denise: Die Magie des Wohnens. Wie Sie die Energien Ihres Zuhauses harmonisieren und steigern. Goldmann 1996.
- Mohr, Bärbel: Bestellungen beim Universum. Omega Verlag 2000.
- Pohle, Rita: Weg damit! Entrümpeln befreit. Ariston 2001.
- Schechter, Harriet: Entrümpeln Sie Ihr Leben. So befreien Sie sich von Andenken, Altlasten und anderem Ballast. mvg Verlag 2002.
- Seiwert, Lothar K.: Wenn du es eilig hast, gehe langsam. Das neue Zeitmanagement in einer beschleunigten Welt. Campus 1998.
- Too, Lillian: Schlüssel zum Glück mit Feng Shui. Praktische Tipps zur Steigerung der Lebensqualität. Droemer Knaur 2002.